傳奇的投資之神

巴菲特

任何不能永遠前進的事物
都將停滯

言自力 編著

崧燁文化

巴菲特
目錄

目錄

寫在前面的話

著名學者培根說：「用偉大人物的事蹟激勵我們每個人，遠勝於一切教育。」

的確，崇拜偉人、模仿英雄是每個人的天性，人們天生就是偉人的追星族。我們每個人在追星的過程中，帶著崇敬與激情沿著偉人的成長軌跡，陶冶心靈，胸中便會油然升騰起一股發自心底的潛力，一股奮起追求的衝動，去尋找人生的標竿。那種潛移默化的無形力量，會激勵我們嚮往崇高的人生境界，獲得人生的成功。

浩浩歷史千百載，滾滾紅塵萬古名。在我們人類歷史發展的進程中，湧現出了許多可歌可泣、光芒萬丈的人間精英。他們用揮毫的筆、超人的智慧、卓越的才能書寫著世界歷史，描繪著美好的未來，不斷創造著人類歷史的嶄新篇章，不斷推動著人類文明的進步和發展，為我們留下了許多寶貴的精神財富和物質財富。

這些偉大的人物，是人間的英傑，是我們人類的驕傲和自豪。我們不能忘記他們在那歷史巔峰發出的洪亮的聲音，應該讓他們永垂青史，英名長存，永遠紀念他們的豐功偉績，永遠作為我們的楷模，以使我們未來的時代擁有更多的出類拔萃者，以便開創和編織更加絢麗多姿的人間美景。

我們在追尋偉人的成長歷程中會發現，雖然每一位人物的成長背景各不相同，但他們在一生中所表現出的辛勤奮鬥和頑強拚搏精神，則是殊途同歸的。這正如愛默生所說：「偉大人物最明顯的標誌，就是他們擁有堅強的意志，不管環境怎樣變化，他們的初衷與希望永遠不會有絲毫的改變，他們永遠會克服一切障礙，達到他們期望的目的。」同時，愛默生又說：「所有偉大人物都是從艱苦中脫穎而出的。」

偉大人物的成長也具有其平凡性，關鍵是他們在做好思想準備進行人生不懈追求的過程中，從日常司空見慣的普通小事上，迸發出了生命的火花，

化渺小為偉大，化平凡為神奇，獲得靈感和啟發，從而獲得偉大的精神力量，去爭取偉大成功的。這恰恰是我們每個人都要學習的地方。

正如學者吉田兼好所說：「天下所有的偉大人物，起初都很幼稚而有嚴重缺點的，但他們遵守規則，重視規律，不自以為是，因此才成為一代名家，成為人們崇敬的偶像。」

為此，我們特別推出《企業家成長啟示錄》叢書，精選薈萃了古今中外各行各業具有代表性的名人，其中包括政治領袖、將帥英雄、思想大家、科學巨子、文壇泰斗、藝術巨匠、體壇健兒、企業精英、探險英雄、平凡偉人等，主要以他們的成長歷程和人生發展為線索，盡量避免冗長的說教性敘述，而採用日常生活中富於啟發性的小故事來傳達他們成功的道理，尤其著重表現他們所處時代的生活特徵和他們建功立業的艱難過程，以便使讀者產生思想共鳴和受到啟迪。

為了讓讀者很好地把握和學習這些名人，我們還增設了人物簡介、經典故事、人物年譜和名人名言等相關內容，使本套叢書更具可讀性、指向性和知識性。

為了更加形象地表現名人的發展歷程，我們還根據人物的成長線索，適當配圖，使之圖文並茂，形式新穎，設計精美，非常適合讀者閱讀和收藏。

我們在編撰時，為了體現內容的系統性和資料的詳實性，參考和借鑑了國內外的大量資料和許多版本，在此向所有辛勤付出的人們表示衷心謝意。但仍難免出現掛一漏萬或錯誤疏忽，懇請讀者批評指正，以利於我們修正。我們相信廣大讀者透過閱讀這些世界名人的成長與成功故事，領略他們的人生追求與思想力量，一定會受到多方面的啟迪和教益，進而更好地把握自我成長的關鍵，直至開創自己的成功人生！

人物簡介

名人簡介

　　華倫·巴菲特（Warren buffet），一九三〇年八月三十日，出生在美國內布拉斯加州的奧馬哈市。

　　他從小就極具投資意識，一九四一年，十一歲的巴菲特購買了平生第一張股票。

　　一九四七年，巴菲特進入賓夕法尼亞大學，攻讀財務和商業管理。兩年後，巴菲特考入哥倫比亞大學金融系，拜師於著名投資理論學家班傑明·葛拉漢。在葛拉漢門下，巴菲特如魚得水，為後來的發展打下了扎實的理論基礎。

　　一九五六年，巴菲特回到家鄉創辦「巴菲特有限公司」。一九六四年，巴菲特的個人財富達到四百萬美元，而此時他掌管的資金已高達兩千兩百萬美元。

　　一九六五年，三十五歲的巴菲特收購了一家名為波克夏·海瑟威的紡織企業。一九九四年底已發展成擁有兩百三十億美元的波克夏工業王國，由一家紡織廠變成巴菲特龐大的投資金融集團。

　　他的股票在三十年間上漲了兩千倍，而標準普爾五百家指數內的股票平均才上漲了近五十倍。

　　多年來，在《富比士雜誌》一年一度的全球富豪榜上，巴菲特一直穩居前三名。

成就與貢獻

　　巴菲特是有史以來最偉大的投資家，他依靠股票和外匯市場的投資，成為世界上數一數二的富翁。他倡導的價值投資理論風靡世界。

巴菲特的財富是和波克夏分不開的。一度瀕臨破產的波克夏海瑟威公司，巴菲特接手之後，不僅很快起死回生，而且已成長為資產達一千三百五十億美元的「巨無霸」。

如今，波克夏·海瑟威公司旗下已擁有各類企業約五十家，其中最主要的產業是以財產保險為主的保險業務。

此外，波克夏·海瑟威公司還生產從油漆和毛毯到冰淇淋等一系列產品，該公司同時持有諸如沃爾瑪和 P&G 等許多大型企業的股票。

地位與影響

巴菲特被外界稱為美國投資家、企業家及慈善家，被稱為股神，尊稱為「奧馬哈的神諭」、「奧馬哈的聖賢」，擁有約六百二十億美元的淨資產。根據《富比士雜誌》公布的二〇〇八年度全球富豪榜，他已經超過比爾蓋茲成為全球首富。

巴菲特還熱衷於慈善事業。二〇〇六年六月二十五日，他宣布：他將捐出總價達三百多億美元的私人財富投向慈善事業。巴菲特捐出的三百多億美元是美國迄今為止出現的最大一筆私人慈善捐贈。

比爾蓋茲曾經說：「他的笑話令人捧腹，他的飲食是一大堆漢堡和可樂，真是妙不可言。簡而言之，我是個巴菲特迷。」

而在美國，巴菲特被國人稱為「除了父親之外最值得尊敬的男人」。

愛經商的少年

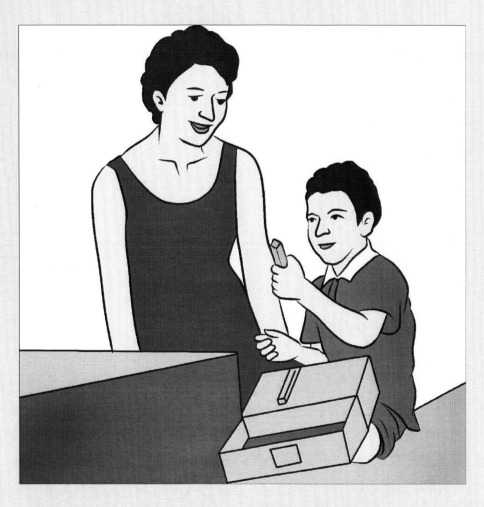

要多發現機會，機會有時就藏在一些微小的事情之中。

——巴菲特

▌少年就參與經商

奧馬哈猶如鑲嵌在美國密蘇里河西岸的一塊寶石，這裡到處充滿著創業、能力、奮進等各種積極元素。

一九三〇年八月三十日，一個男嬰在奧馬哈的一個家庭裡出生了，他就是後來被譽為一代股神的華倫·巴菲特。很巧妙的是，巴菲特從出生起就和股票有了一定的聯繫。他出生的年代，正是美國和整個西方資本主義世界都在經歷大蕭條的時代。

那時候，巴菲特的爸爸霍華德·巴菲特，正在聯合州立銀行做一份股票經紀人的工作。當經濟危機到來時，當地很多銀行破產，人們開始守著現金，沒人想要股票。作為一個經紀人，霍華德巴菲特不敢給任何一位客戶打電話，因為所有人的所有股票都跌得很慘。

當然，此時的巴菲特還很小，他還不知道股票對自己及家人的影響。在霍華德·巴菲特家中的三個孩子中，巴菲特排行老二，是家中唯一的兒子。這無疑使他獲得了爸爸和媽媽更多的疼愛。

從最初開始，巴菲特就超乎年齡地謹慎。他學走路時總是彎著膝蓋，彷彿這樣可以保證他不會摔得太慘。

當媽媽帶著巴菲特和他的姐姐朵莉絲去教堂時，朵莉絲會到處亂跑以至於走丟了，而巴菲特則會乖乖地坐在媽媽旁邊。因此，小巴菲特常常被鄰居們稱為「一個很少帶來麻煩的小孩」。

一晃兩年過去了，巴菲特依然是那樣的安靜。當媽媽帶著巴菲特去教堂參加定期聚會時，他很樂意靜靜地待在媽媽的旁邊，一言不發。

有時候，媽媽臨時給他一個玩具，比如一把牙刷，就能讓他很高興。他很安靜地盯著牙刷，一盯就是兩個小時。

兩歲的巴菲特是個結結實實、皮膚白皙的小傢伙。他常常穿著繫白鞋帶的小靴和白色短襪。他的頭髮開始是金黃色，後來變成了赭色，但他的性情卻沒有任何變化。

最明顯的表現是，他從不在不熟悉的地方亂逛，也不惹是生非或尋釁滋事。

巴菲特的安靜也曾令他的媽媽擔心。媽媽就曾對人說：「巴菲特太安靜謹慎了，像他這樣的男孩子，如果太老實可能會吃虧的。」

媽媽的擔心很快就消失了。因為媽媽和周圍的鄰居發現，看似靦腆的巴菲特，實際上是一位很精明的小商人呢！

巴菲特小時候的那幾年，也正是家裡最困難的幾年。當時爸爸霍華德是聯合州立銀行的證券銷售商，而那時美國正處於蕭條時期。

一九三一年八月十三日那天，也就是離巴菲特的週歲生日不到兩週時，他的爸爸下班回家，帶來了他的工作泡湯了、儲蓄也落空了的噩耗。

巴菲特一家受到經濟危機的打擊，日子更加艱難了。也許正是這種艱難，激發了巴菲特做生意的慾望。

巴菲特長著一雙藍色的眼睛，他最喜歡的玩具是一個綁在手上的金屬貨幣兌換器。他總是帶著它四處走動，並且兌換零錢，兒時的巴菲特把兌換零錢當作是最有趣的遊戲，並且百玩不厭。

當然他還喜歡做數學題，特別是涉及用極快的速度計算複利利息，他認為這是一種前所未有的而且是十分有趣的娛樂方式，接著他就開始了自己人生的經營之旅。

四歲那年的聖誕節，巴菲特收到了一份禮物，一個很漂亮的錢包。從那時起，巴菲特就一直在想，怎麼才能把自己的錢包填滿呢？

在巴菲特五歲那年的一個春天，巴菲特開始去賺錢了。他有生以來第一次賺錢，是靠推銷整包的口香糖。

那時候，巴菲特有一個綠色的小托盤，這是伊迪姑媽送給他的。小托盤上面分成五個不同的部分，它能裝五種不同牌子的口香糖：黃箭、白箭、綠箭等。

巴菲特首先從祖父那裡買來整包的口香糖，然後在附近地區挨家挨戶地推銷。五歲的巴菲特還注意選擇推銷的時機，他通常在傍晚幹這個事，這樣推銷成功的機會會多一些。

巴菲特做生意還很堅持原則。

一次，一個名叫弗吉尼亞·麥考伯利的女士對巴菲特說：「給我來一片黃箭。」

巴菲特答道：「我們是不拆開賣的。」

巴菲特自有他的打算，一包五片，每包是五美分，而這位女士想給他一美分買一片。做成一筆生意對他頗具誘惑力，但尚不足以讓他改變主意。如果他賣給麥考伯利太太一片口香糖，就剩下了四片口香糖要賣給別人，相對於由這帶來的麻煩和風險，這麼做不值得。

一般情況下，賣出每一包口香糖，巴菲特能賺到兩美分。這令他非常高興，他會把這些沉甸甸的硬幣攥在手中，然後再小心地把它放到自己的錢包裡。

當然，具有經商意識的巴菲特，並不是一切商品都不願意拆開賣，他願意拆開賣的是可口可樂。

在夏天的晚上，巴菲特會挨家挨戶地兜售可口可樂。他還堅持在家庭渡假期間推銷可口可樂，目標是愛荷華州奧科博吉湖湖畔晒日光浴的遊客。

賣汽水比口香糖更賺錢，小巴菲特賣出六瓶汽水能掙到五美分。每賣完一瓶，他就把這些硬幣驕傲地塞進掛在腰帶上的荷包裡。

北愛荷華的奧科博吉湖是個風光秀麗的地方，湖面波光雲影，白帆點點；湖邊群山連綿，鬱鬱蔥蔥。巴菲特六歲時，全家來到這裡渡假，租了一間小屋，準備過個快樂的假期。

一天，家裡給了巴菲特一美元，讓他到附近的雜貨店去買些飲料和雜物。巴菲特人小鬼大，和雜貨店老闆很熟練地砍起了價。

「我在你這裡買了很多東西，你應該給我一些折扣才對。這六瓶可樂就少算一些，給你每瓶五分錢吧，先生。」

老闆很驚訝也很好笑地看著這個小男孩，答應了他的要求：「好吧，便宜一些賣給你。不過，你以後要常來啊！」

當天晚上，巴菲特就抱著六瓶可樂敲開了附近出租木屋的門，彬彬有禮地說：「太太，我是旁邊那戶人家的孩子。我這裡有六瓶可樂，每瓶六美分，和雜貨店裡的價格一樣，而且品質也一樣好，你要不要買啊？這樣就不必再特意去店裡買了。」

開門的那位年輕太太驚奇得不得了，簡直不敢相信自己的耳朵。「你這麼小就做買賣，我怎麼能相信你呢？」

巴菲特趕快向上挺了挺胸脯：「你知道我住在哪裡，不相信我也應該信任我的父母。如果你不放心的話，可以先買兩瓶試試看。」

那位太太真的很喜歡這位可愛的小推銷商，微笑著撫摸了一下他的頭髮：「我已經買了許多飲料了。不過，嗯，我願意再買兩瓶可樂。」

就這樣，巴菲特很快就以每瓶六分錢的價格賣出了這六瓶飲料，賺了足足有五分錢的利潤。

晚上，巴菲特躡手躡腳地拉開自己家的門，突然「啪」的一聲，燈光大亮，媽媽利拉和父親霍華德都站在客廳裡，生氣地看著這個偷偷失蹤的兒子。

「巴菲特，你幹什麼去了？」霍華德很嚴厲地問。

「哎，爸爸，我剛剛賺到了五美分呢！」巴菲特實在按捺不住內心的喜悅，興奮地向父母講述起自己的壯舉。

「可是你知不知道我們很為你擔心？」霍華德打斷了他的話，語氣一點兒也沒見緩和。

巴菲特偷眼看看爸爸的臉色，低下了頭。

「好了，他已經知道錯了。讓他去睡覺吧！」利拉心疼地為兒子擦去滿頭的大汗，向丈夫求情。巴菲特馬上機靈地上前摟住父母的脖子，親熱道地了「晚安」，「咚咚」地跑進了自己的臥室。

他小心翼翼地將那五美分硬幣裝進錢包，輕輕搖了搖，美滋滋地藏在了枕頭下面。這是他的第一筆「大生意」。巴菲特在腦海中一遍遍地回放著剛才推銷可樂的情景，臉上帶著甜蜜的笑容，心滿意足地慢慢沉入了夢鄉。

巴菲特的這個荷包是一個鍍鎳的荷包。這個荷包讓他覺得自己很專業，常常做其他生意時，也帶著這個荷包。

巴菲特賺錢的方法可多了。

到了夏天，他們幾個小夥伴還到馬場去撿別人丟棄的作廢馬票，即使上面沾滿了泥巴，甚至有吐的痰，也照樣撿起來，收集一大堆帶回家。

他們等賽馬結束，人流退盡後，團團圍住看門人，要求進去開開眼界。作為回報的條件，他們可以幫忙打掃場地和看台。面對著那一張張寫滿懇求、布滿笑意的小臉，沒有一個看門人會拒絕孩子們的請求，只能目送他們像一群健壯的小馬駒一樣撒歡兒地奔進馬場。

可這些管理員也許會感到奇怪，這群孩子並不像他們表現的那樣對賽馬場充滿興趣與嚮往，反倒對他們允諾承擔的苦差任務熱情高漲。他們毫不猶豫地跪趴在滿是鋸末兒的地面上，全神貫注地撿起一張張票根，把那些被撕破丟棄的存根翻過來，認真地與本場馬賽的中獎號碼核對著，希望有所發現。

這才是他們的真正目的所在，而其中那個戴大眼鏡的男孩子是這一行動的精心謀劃者與直接組織者。

「華倫，我們真的能這樣找到中獎的馬票嗎？」斯圖爾特有些半信半疑地看著自己手中那一大堆撿起的廢票根。

「不是所有人都那麼細心的，他們或者是可能看漏了，或者是不小心丟掉了自己已經中獎的馬票，那就是我們賺錢的機會！」巴菲特以不容置疑的口吻，再次闡述著這次行動的根據。

他環視一下幾個跟隨者，決定再給他們打打氣，鼓鼓幹勁：「兄弟們，即使這樣的機會是千分之一，想想，一場賽馬會有幾萬人參加，最起碼應該有幾十張這樣的馬票在等著我們！」

他的鼓動果然有效，在這樣的美好前景推動下，小傢伙們的翻撿速度明顯大大提高。不久，拜倫第一個應驗了巴菲特的話，他興高采烈地跑過來，揮動著手中那張殘破的票根，大聲嚷道：「找到了，找到了，看我找到了一張末等獎，我發財了！」

賽馬場迎來了最後一批兌獎者。他們一個個精疲力竭，髒兮兮的小臉蛋上掛滿得意之色。為首的那個戴眼鏡男孩的手中緊緊搖著數張馬票。

他們從此成了賽馬場的常客，經常上演這輝煌的兌獎一幕。儘管他們從未真正撿到頭獎馬票，發一筆夢想的大財，但每次都能撿到的幾張末等獎已經足夠讓他們興奮的了。

慢慢地，人們都知道巴菲特是成功的小商人了，巴菲特的媽媽再也不用為兒子的老實擔心了。

當然，最高興的還是巴菲特，他看到自己錢包裡的硬幣一天天多起來，心裡別提多高興了。

巴菲特的母親頭腦清楚、心計精明，父親雖不熱衷金錢，但仍在商業上獲利頗豐。他不僅有公司的傭金收入，還擁有一家小型飼養公司，將自己的資產做了合理的投資分配，充分保障了全家人的經濟利益。

最重要的是，霍華德絕不願像別人那樣貶損自己的兒子，他一直表現出對巴菲特充滿信心，對巴菲特所做的任何事都持一種支持的態度。

所有這一切都對巴菲特產生了深刻的影響，尤其在經歷了那些艱辛的歲月後，他開始懷有一種異常執著的願望，想要變得非常非常富有。他在五歲前就有了這個願望，而且從來沒有放棄過。

巴菲特和鄰居家的孩子拉塞爾是好朋友。傍晚時分，在寧靜的暮色中，他們經常坐在拉塞爾家前廊的滑車上搖來晃去。巴菲特常常會心醉神迷地注

視著往來穿梭的車流，聆聽著過往電車的「叮噹」聲，時不時地搖搖頭，嘆口氣。

有一次，拉塞爾的母親偶然看到巴菲特那些複雜多變的表情，覺得很有趣，忍不住問道：「華倫，你在想什麼呀？」

「太可惜了，拉塞爾夫人，」巴菲特攤開小小的手掌，顯得無比地遺憾，「這些車子，您不賺這些來往路人的錢真是太可惜了。」

「哈哈哈……」拉塞爾夫人笑得直不起腰，「難道說，華倫，我們家可以有權隨便在街上設一個收費站嗎？」

但是夫人的心底卻被巴菲特的這種強烈意識嚇了一跳。這是個與眾不同的男孩子，拉塞爾夫人是最早認識到這一點的人之一。

▌對數字非常敏感

一九三六年，巴菲特開始讀一年級了。學校為巴菲特打開了一個全新的世界，而且他還很快交了兩個朋友：鮑勃·拉塞爾和斯圖亞特·艾里克森。

那時候，巴菲特和拉塞爾一起步行去學校。在路上，他們兩個經常會記路上的車牌照號碼。放學以後，巴菲特也會和拉塞爾、艾里克森一起數汽車牌照號碼。

黃昏的時候，一個清脆的童聲在巴菲特家不遠的馬路上響起：「一百二十五，一百二十六，一百二十七……」這是巴菲特在數著自己記的車牌照數呢！他們常常會數到一百五十個才肯罷休。

這是他和拉塞爾在拉塞爾家前廊上消磨掉的又一個下午。三個小傢伙經常整個下午就這樣俯瞰門前車水馬龍的繁忙街道，在紙上記錄下來來往往的車輛的牌照號碼，沒有任何明確的目的，只是為了那種單純的樂趣。

在小夥伴中，巴菲特對數字尤其表現得如飢似渴。那由一個個數字構成的世界對別人也許難於登天，對他則是如魚得水。他對數字有一種天生的敏感和熱情，往往能夠毫不費力地記住一連串複雜、枯燥的數據，全然不顧它

們根本對他沒有任何意義。小夥伴們對於巴菲特迷戀數字的特質，有人妒忌，有人卻不以為然。

這種對數字的渴望和非凡的理解力與記憶力貫穿了巴菲特的一生，當他還是個孩子的時候，他所喜愛的日常遊戲就已經與眾不同了。

除了數車牌照數外，有時候巴菲特他們還會記下車牌照的號碼。每當那時候，巴菲特就會在門廊前坐上好幾個小時，看著大街上來來往往的車輛。他們在筆記本上不厭其煩地、一欄一欄地記下穿梭車輛的車牌號。

家裡人覺得這個癖好很奇怪，但認為這只是男孩子對數字的喜愛。他們知道巴菲特喜歡計算車牌號上的數字和字母出現的頻率。當然，巴菲特對數字的敏感不僅是數汽車牌照那麼簡單。他平時還喜歡收集和計算以及記憶與數字有關的所有事情。

有時候，巴菲特還會和拉塞爾及艾里克森一起，計算字母在報紙和《聖經》裡出現的頻率。

巴菲特有一手讓所有小夥伴都欽佩不已，甚至連大人們都為之嘆服的絕技——他擁有照相機一般的記憶力，任何數字只要映入他的眼簾，就能牢牢扎根在他的記憶裡。

一天，拉塞爾抱著一本厚厚的大硬皮書，興沖沖地來找巴菲特，一進門就得意地大喊：「哈哈，華倫，這回你準不行了！」

「什麼不行了？」巴菲特不緊不慢地從書本上抬起頭，平靜地看著自己的好朋友。儘管年紀小，但一學會閱讀，他就成了同齡孩子中有名的「小書蟲」。

「你看，我從爸爸那兒弄到的美國年鑑！」拉塞爾賣弄地向巴菲特展示著那本厚皮書，「你不是記憶力一向很好嗎？我們來做一個遊戲好不好？一個數字遊戲！」

「怎麼做？」一聽到數字，巴菲特就來了勁頭兒。

巴菲特
愛經商的少年

「我從年鑑上選十頁給你看，每看完一頁，我會讀出其中的一個城市，然後你就報出這個城市的人口數，如果你能做對一半，我就服了你！」拉塞爾向朋友提出了一個高難度的挑戰。

「好！」巴菲特毫不猶豫地答應了。

遊戲開始了。巴菲特全神貫注地背著拉塞爾指定的頁張，嘴唇輕輕嚅動著。拉塞爾則在一邊開心地觀看著。

「愛荷華的達文波特？」

「十五點六七六萬人。」

第一個城市答對了，拉塞爾不以為然地聳聳肩，又挑出了年鑑中的另一頁。

「堪薩斯的托彼卡？」

「九萬五千千百人。」

拉塞爾讀出一個又一個的城市名字，而巴菲特則逐個正確無誤地報出它們的人口數量。拉塞爾的表情逐漸變得沮喪起來，而巴菲特卻始終是那麼不緊不慢，不慌不忙。

「俄亥俄的阿克倫？」這是最後一個城市了，拉塞爾緊張地注視著巴菲特。

「七萬四千五百人。」巴菲特仍是鎮定地報出了一口數。

「這，這真是太不可思議了！」拉塞爾難以置信地看看年鑑又看看巴菲特，突然扔掉年鑑，衝上去一把抱住好朋友，興奮地大叫：「嗨，華倫！你是個數字天才！」

這場遊戲經過小拉塞爾眉飛色舞的講述，成了街區上的傳奇故事，巴菲特也成了一個傳奇人物。走在街上，常常會有某個人突然攔住他，考問他某場棒球比賽的得分，甚至某場賽馬的輸贏機會，這個小男孩很少讓考問他的人失望。

18

　　巴菲特的這個本領固然在很大程度上得益於他的天賦，但也是他樂於、勤於做這方面頭腦練習的結果──每個數字都是他那早熟的記憶所渴求的。

　　最為有趣的是，巴菲特還做過收集瓶蓋的活動。

　　事情是這樣的，那時候舊瓶蓋沒有什麼價值，回收利用率較低，到處都是，無人問津。沒有人想要這些東西，巴菲特卻對它感到了興趣，只要看到，就會收集起來。

　　每天放學後沒事的空閒時間，他常常到各處收集許多瓶蓋。晚飯過後，他在客廳地板上到處都鋪上報紙，然後把收集的瓶蓋攤放在上面，開始分類和計數，再分類和再計數。

　　那時候他和拉塞爾在賣飲料，不過由於資金有限，他沒辦法擴大規模、品種多樣地進貨，於是他和小夥伴在加油站的門口數著蘇打水機器裡出來的瓶蓋數，並把它們運走，儲存在巴菲特家裡的地下室裡。

　　他們這樣做，為的是透過這次市場調查，得出哪種飲料的銷售量最大的結論，以便採取相應的措施。也許有人會說巴菲特不過是個孩子，要調查應該去人多的百貨商場，但這正是巴菲特的過人之處。

　　在選擇調查地之前，他曾做過一番細緻的分析。儘管百貨商場喝飲料的人最多，可是這些地方不易於巴菲特的行動，因為大人們總是把他看成頑童，視他的行為為無意義的搗亂。

　　那麼除此之外的最佳地點莫過於加油站了，因為這裡有自動售貨機，過往的人加油時經常購買飲料。於是，這裡就成了巴菲特調研的最佳場所。

　　媽媽看到巴菲特如此奇怪的行為，就忍不住問：「華倫，你在幹嘛？不嫌瓶蓋髒嗎？」

　　巴菲特說：「媽媽，我能透過這些瓶蓋數，瞭解到很多訊息呢！」

　　媽媽奇怪地問：「瓶蓋也能瞭解到訊息？」

「當然了」，巴菲特興奮地說，「我把這些瓶蓋進行分區統計，並計算出各個區的品種，我就能知道哪種飲料在哪一片地方好銷售了。以後我去那裡推銷飲料，就專挑那些人們最喜愛的品牌。」

就這樣，媽媽默許了巴菲特收集瓶蓋的習慣。不過，在某一天晚上，可怕的肚子痛令巴菲特無法玩瓶蓋了。後來，醫生上門進行了診治，然後就回家了。

但是，醫生對這次的上門診斷不放心，又回頭把巴菲特送到了醫院。就在那晚，巴菲特進行了闌尾手術。也許是手術太晚的原因，手術過後，巴菲特一直身體虛弱。他在教會醫院躺了幾週，一直萎靡不振。

不過，在醫院護士的精心照顧下，巴菲特很快就發現醫院是一個舒服的避難所。當擺脫病痛折磨，身體開始恢復的時候，他的擺弄數字的樂趣也隨之而來。

在巴菲特的要求下，《世界年鑑》被帶過來供他學習。沒事的時候，巴菲特常常一個人去記憶年鑑的內容。

一天，身體還很虛弱的巴菲特對護士珍妮說：「能給我一支筆和一張紙嗎？」

「當然可以了，你要這些幹什麼呀？」珍妮看著虛弱的巴菲特充滿憐愛地說。

筆和紙拿來了，巴菲特開始在紙上寫滿了數據。那一串串長長的數字更讓珍妮感到奇怪了。

「華倫，你寫的這是什麼呀？」珍妮忍不住問。

巴菲特興高采烈地說：「這是我未來的財產，我長大後要掙這麼多錢！」

就這樣，巴菲特伴著年鑑和報紙裡的數字，終於擺脫了病魔，一天天地恢復了健康。

有一次，調皮好動的姐姐實在忍不住了，躡手躡腳地走到巴菲特的身邊，偷偷地問弟弟：「華倫，你怎麼能坐這麼長時間？傻乎乎地到底在想什麼呢？」

巴菲特小心地看看周圍，確定父母都沒有注意他們，才輕聲地回答姐姐：「我在計算那些宗教作曲家的年齡呢！看看他們什麼時候生，什麼時候死的，蠻有意思的。還有……」他得意地笑一笑：「我在數錢呢，我將來賺的那些錢。」

這就是他自己營造出來的，充滿了無限想像與樂趣的數字世界。

有一點是肯定的，那就是數字不停地在巴菲特的腦海中浮現，即使是在到教堂時，他也會計算詩歌作曲人活了多久，看看他們的宗教有沒有讓他們變得長壽，而他的結論是沒有。

巴菲特曾說過：「我是一個不可知論者，就是別人說的無神論者，感謝上帝。」而這種數字推演也許就是巴菲特選擇做一個不可知論者的原因。

其結果就是巴菲特越發自主，越發相信自己的判斷，從而也越發渴求成為一個能主宰自己命運的富人，這應該就是他年輕時代一直追逐商業活動的原因吧！

▌善於總結問題

作為一個股票經紀人的兒子，巴菲特有非常便利的條件去接觸股票方面的知識。從八歲開始，巴菲特就開始翻閱爸爸保存在家裡的那些有關股票和證券方面的書籍。

除了看書以外，看報紙也是巴菲特的一個喜好。平時，爸爸外出回來，總會帶回一些有關股票方面的報紙和雜誌，這也吸引了巴菲特的興趣。有了對書籍和報紙的閱讀，再加上聽到爸爸平日和朋友的談論，巴菲特對股票更瞭解了，興趣也就更大了。

在巴菲特十歲的時候，美國的經濟已經從危機中恢復了。此時，爸爸開始逐個帶著巴菲特和他的姐妹去紐約。

　　輪到巴菲特去紐約的時候，巴菲特非常興奮。他手裡拿著他「最好的朋友」，也就是他的大集郵冊——巴菲特視為最寶貴的東西，就跟著父親匆匆坐上了去紐約的車。

　　在巴菲特去紐約的那段時間中，他的日程安排包括看一場棒球賽，參觀一個集郵展覽，還去一個有「萊昂內爾玩具火車的地方」玩耍。

　　然而，最令巴菲特感興趣的不是那些遊樂場所，而是股票交易所。在華爾街的時候，爸爸帶著巴菲特去了趟股票交易所。像其他孩子迷上新型飛機一樣，巴菲特被股票深深吸引住了。沒事的時候，他常常跑到股票交易所去觀看。

　　在爸爸的辦公室裡，巴菲特常常目不轉睛地盯著那些收藏在印著燙金字專櫃裡的股票和債券單據。在巴菲特的眼裡，它們具有某種神奇的誘惑。

　　在這一時期，給予他極大鼓勵和支持的莫過於父親，儘管父親也為如此小的孩子對於股票的熱衷感到納悶，但他還是盡可能地支持兒子，不僅為他介紹和指導閱讀與股票相關的書籍，還帶著他參觀紐約的股票交易所，並給兒子講解關於股票的基礎知識，讓巴菲特在自己就職的交易所裡登記股價。

　　此時的巴菲特貪婪地閱讀炒股和投資指南，甚至像成年人一樣，努力學習掌握股票漲跌規律。

　　由於生意日益興隆，霍華德的交易所已經擴展到法納姆那幢有大理石柱子的奧馬哈國民銀行大廈的門樓。巴菲特常常跑到父親的辦公室去，霍華德忙碌自己的工作事務，他就安靜地待在一旁。

　　一次，霍華德從卷宗中抬起頭，發現兒子正目不轉睛地盯著那些印著燙金字的財務專櫃，臉上的神情又專注、又敬畏、又欣喜。他悄悄起身走過去，站在巴菲特身後許久，輕聲地問：「你在看什麼，華倫？」

　　「它們。」巴菲特沒有回頭，只是用手指了指那些收藏在櫃子裡的股票和債券單據。在巴菲特眼裡，它們具有某種神奇的誘惑，它們甚至有一種似曾相識的親切感。

巴菲特也常下樓到哈里斯‧厄本證券所去。這裡是股票報價的源地，奧馬哈金融界的人士在此頻繁出入，因此比霍華德的股票交易所更具刺激性。往來穿梭的人群中，誰都沒注意到一個長著一雙大耳朵的小男孩在吸取著成長的養分。

那時還沒有電子行情機，所有股價與交易情況都由人工手寫在黑板上。傑西‧利佛莫爾是西海岸一個默默無聞的投機商。每次他到城裡來，都要光顧證券所，在一張紙上寫好訂單交給經紀商，看著他們將其寫上黑板後，便一言不發地離開。

可是這一天，利佛莫爾先生卻一反常態。他沒將訂單交給經紀商，卻用眼睛示意逡巡在一邊的那個小男孩過來，幫他把訂單寫在黑板上。他已經注意觀察這個孩子有一段時間了，而且忍不住被男孩流露出的那種單純熱情而深深感動。

巴菲特簡直不敢相信自己的好運氣，他用無比渴望的眼神懇求著緊張地走過來的經紀商。經紀商知道他是霍華德的兒子，平常和他逗趣、聊天時，也常常驚嘆這孩子的金融知識，現在既然是客戶自己提出的要求，便也默許了。

巴菲特興奮地爬上扶梯，仔仔細細地將訂單上的數據填在了相應位置上。大廳裡有人在為他鼓掌，巴菲特自豪地俯瞰其下，彷彿從此掌握了開啟一個新世界的鑰匙。

從此，巴菲特真正成了證券所中的一員。他的客戶量不斷擴大，交易商們半是好奇半是欣賞地紛紛將訂單交給這個小男孩；而經紀商們也逐漸地不再核對，放心地讓他把股價寫在黑板上。而巴菲特在工作中也是兢兢業業，一絲不苟。

巴菲特從未出過一次錯誤。

有時不去交易所時，巴菲特也時常下樓來到一家證券所。這家證券所就在他住的那幢大樓裡，而且又是股票報價的源地，因此金融界人士在此出入十分頻繁。

巴菲特
愛經商的少年

　　從證券所回到家裡，巴菲特便開始自己動手畫股價圖，觀察它們的漲跌態勢，由此引發了他想解釋股價變化這些態勢的念頭。他的直覺告訴他，分析股票將成為熱門行業。

　　巴菲特在十一歲這一年，成為一位有自覺意識並完全實行自我實際操作的小股票交易商。

　　巴菲特是在飯桌上宣布這一消息的。全家人正圍坐在餐廳津津有味地品嚐著利拉烹製的晚餐，巴菲特清了清嗓子。霍華德抬起頭期待地看著兒子，知道他肯定又有什麼重要訊息發表。巴菲特又清了清嗓門，顯得鄭重其事。

　　「我今天買了三股股票，城市設施優先股。」巴菲特說得很簡單，全然沒提他這一果斷舉動在證券所引起的轟動。

　　「哦？！」霍華德驚異地挑起了眉毛，他雖然知道兒子經濟頭腦超群，但還是沒料到他出手能這麼早。

　　「什麼價位買進的？」做父親的決定要像男人對男人那樣來和兒子討論金融問題了。

　　「每股三十八美元。」巴菲特心中喜悅，卻仍力圖控制情緒，他的行為要配得上父親對他表示出的尊重。

　　「朵莉絲，」他轉頭注視著姐姐，很有紳士風度地說，「我也順便為你買了三股。」

　　「天哪，華倫，你真是太棒了！」朵莉絲跳起來，欣喜若狂地吻了一下弟弟，巴菲特微笑著很矜持地接受了。

　　「天哪，華倫……」這是母親利拉的反應，她深深吸了一口氣，還不知道整日擺弄著那些瓶蓋和高爾夫球的兒子什麼時候攢了這麼一大筆錢。

　　這頓飯吃得真是波瀾起伏，但在座的每一個人都對巴菲特的能力持完全信任態度，這孩子簡直生活在數字之中，他很清楚自己究竟在幹些什麼。

　　這是後來成為一代股神的巴菲特第一次真正購買股票。然而開局好像並不是非常順利，那年六月份，市場向下擊出低點。

巴菲特所持有的城市設施的優先股股價從每股三十八美元，很快跳水到每股二十七美元。看到自己辛苦地以賣可樂等方式積攢的錢在一點點減少，巴菲特和他的姐姐都有點兒難過。

在上學的路上，姐姐朵莉絲每天都提醒巴菲特，咱們的股票正在下跌。

當然，後來的結局無疑是好的。因為過不了多久，城市設施股的股價又回升到了四十美元。此時，巴菲特果斷地拋出了他所持有的股票。

拋出股票之後，扣除傭金，十一歲的巴菲特，第一次在股市上出手就獲得純利，這更加激發了巴菲特對股票的興趣。透過這次炒股，巴菲特還及時總結了兩個教訓，並把這段時期作為他一生中最重要的時期之一。

第一個教訓是，不要過分關注股票的買入成本，因為股價只要能夠上漲，就會有盈利。

第二個教訓是，不要不動大腦地急於抓住蠅頭小利，耐心非常重要。原來，就在他的股票出手不久，城市設施股的股價又升到了兩百美元。因此，如果他能更耐心一點，他就能賺到更多的美元。

這兩點教訓對巴菲特影響非常大，在他以後的投資生涯中，他對此一直念念不忘，並由此吸取了上述兩個教訓，從中受益匪淺。

巴菲特第一次炒股還有第三個教訓，那就是關於投資他人資金的教訓。因為在股票下跌時，他的姐姐老是每天提醒他，這使他認識到，如果他出現投資失誤，那可能會有人因他而煩惱和不安。因此，他不想對其他任何人的資金負責，除非他非常確信自己會成功。

也許正是因為小時候的炒股經驗，鍛造出了巴菲特決定長線投資的心態。這也是巴菲特的經營寶典之一，他在選擇投資標的物時，從來不會把自己當作市場分析師去預測，而是把自己視為企業經營者。

巴菲特一直非常反對短線交易，認為那只是浪費時間和金錢而已，而且會影響到操作績效。

巴菲特曾說：

　　我從來不打算在買入股票的次日就賺錢，我買入股票時，總是會先假設任何一檔股票，如果你沒有把握能夠持有十年的話，那就連十分鐘都不必考慮持有。

　　做炒股這樣生意的人，只有具備清醒的頭腦、商海歷練的經驗、國內國際經濟運行的趨勢以及理性對待一切事物，才能立於不敗之地。

　　巴菲特正是這樣的人，他從不為其他人的觀點所左右，也不會為股市的一點波動而改變初衷。巴菲特總是以獨特的觀點、獨特的視角、獨特的方式把握自己的生意。

　　巴菲特的成功不是祕密，他所具有的經驗素質每個人都能夠具備；而巴菲特不同於常人的地方是他能夠看到股市運行的規律、預期股市的未來。

▍不斷發掘商機

　　一九四二年，內布拉斯加第二選區的共和黨人找不出很多候選人來參加戰時國會議員的競選活動，在走投無路的情況下，共和黨不得不把目光轉向了一位公開反對羅斯福新政的人士：霍華德·巴菲特，也就是巴菲特的爸爸。

　　身為孤立主義者的霍華德獲勝的可能性可謂微乎其微。在遊歷各地的政治演說中，他抨擊的對象並非希特勒或是墨索里尼，而是把矛頭對準了羅斯福。

　　在選舉當日，霍華德準備好了一份妥協演講，並在九點就退場了。

　　第二天，他發現自己獲勝了，他稱此為他一生之中「最大的驚喜」。

　　因為爸爸的當選，一家人也跟著都離開了奧馬哈。

　　有了初涉股海的經歷後，巴菲特更加認真地思索，學習股票的規律，他也朦朧地意識到自己對於股票的預測似乎優於他人。此時，巴菲特結識了日後的商業合作夥伴查理·孟格，從而更進一步地明確了自己的致富目標。

也是在這一年夏天，十二歲的巴菲特到爸爸的合夥人福爾克先生家裡吃午飯，他突然說：「我要在三十歲之前成為百萬富翁，如果成不了，我就從奧馬哈最高的樓上跳下去。」

不過，當別人知道他的這一誓言時，都付之一笑，認為這是一個不知天高地厚的孩子。但是，巴菲特卻是認真的，並努力朝著這個方向前進。

福爾克太太趕緊說：「你這個小孩子，千萬不要再這麼胡說了。」接著，福爾克太太問：「巴菲特，你想賺那麼多錢幹什麼？」

巴菲特答道：「我並不是說想要很多很多錢，我只是覺得賺到錢，並看著賺的錢越來越多是一件很有樂趣的事。」

眾所周知，他真的做到了，因為他從未停止在股市裡嘗試，不斷總結經驗，加上父母的指點，不久後就小獲成果。國中剛畢業，他就用炒股賺的錢在拉斯維加斯州購置了一塊四十英畝的農場，成為一個「小地主」。

也許此時巴菲特對賺錢的目的還沒有真正認識清楚，但是此時巴菲特確實開始賺錢了。

一天，霍華德路過巴菲特的房間，偶然透過半掩的房門，發現巴菲特正伏案填寫什麼東西。想到白天政務繁忙，自己已經很久沒和兒子交流過了，他心裡不禁有些愧疚。

「華倫，在填什麼？」霍華德走進房間，關心地詢問道。

「嗯……」巴菲特遲疑了一下，眼睛抬起又垂下，半晌才輕聲回答：「是《納稅申報表》，爸爸。我已經向政府登記了我的收入，按規定，我該交納稅款。」

「哎呀，沒想到我的小華倫居然已經成了供養我們這些議員的納稅人了！」霍華德真是大吃一驚，這個剛十三歲的兒子經常讓他出乎意外。他忍不住開了句玩笑，巴菲特只是象徵性地咧咧嘴。

「那麼，納稅人先生，您有什麼要求嗎？」霍華德半是調侃半是認真地問，「也許，我可以幫您繳納這第一筆稅款。」

「不，請您別這樣，爸爸！」巴菲特的反應卻不可思議地激烈，「我有收入！我能納稅！這是我自己的事情！」

「最起碼，你能夠接受我作為一位父親和一位國會議員，對兒子和初次納稅人的祝賀吧？！」霍華德敏感地覺察到自己和兒子之間出現了一層看不見的隔膜，避實就虛地轉移了方向。

「謝謝，父親！」巴菲特這回倒是彬彬有禮地接受了致意。

巴菲特在華盛頓的新生活是以他在《華盛頓郵報》的那份工作為中心的。他開始替《郵報》送報紙，而且由於他的苦心經營，很快就成為遠近聞名的「小報童」。

賣報紙就是少年巴菲特積累財富的重要一步。

當時，在巴菲特生活的小鎮上，每天都有兩個報童在賣同一種報紙，一個就是巴菲特。不用說，兩個人都明白，他們是競爭對手，小鎮就這麼大，讀報的居民就這麼多，如果一個報童賣得多，那麼自然另一個就會賣得少。

在競爭的壓力下，另一個報童很勤奮，他每天沿街叫賣，嗓門也很響亮，可每天賣的報紙並不很多，而且還有越來越少的趨勢。

巴菲特卻不同了，除了沿街叫賣外，他還每天第一時間去一些固定的公共場合，如鎮上的餐廳和酒吧，去後就給大家分發報紙，過一會兒再來收錢。

地方越跑越熟，賣出去的報紙也越來越多，當然也會有些損耗，但很小。漸漸地，小鎮上的居民基本都成了他的固定客戶，都買他的報。不用說，另一個報童當然不得不另謀生路。

巴菲特賣報的時間持續了很長時間，並隨著家的搬遷，而到各地賣報。

在巴菲特十三四歲的時候，他開始在西徹斯特送《華盛頓郵報》。當巴菲特在西徹斯特送報的時候，他就不得不放棄早上的其他送報路線。這使巴菲特感到非常可惜。

由於工作認真，客戶反映好，又增加為三條路線，在送報過程中他發現《華盛頓郵報》有一個強有力的競爭對手《時代先驅》，他的路線所涵蓋的區域與《華盛頓郵報》完全一樣，為什麼不能一個人同時為兩家報紙送報呢？事半功倍的事何樂而不為？

他不僅在頭腦中反覆考慮這個問題，而且真的跑到《時代先驅報》發行處又申請了一份送報工作。

這兩家鬥爭激烈的大報當然無暇顧及一個小報童的所作所為了，一個訂閱者如果取消了一種報紙，往往會訂閱另一種報紙。小報童巴菲特任何時候都可以無憂無慮、容光煥發地為訂戶們服務了。

不久巴菲特就擁有了五條送報路線，每天早上大約要送五百份報紙。利拉早上起床給巴菲特準備早餐，五點二十分以前巴菲特就要走出家門，趕公共汽車去馬薩諸塞大街的總發行點取報紙，然後開始他的派發工作。

這是一項很辛苦、很需要毅力的工作，開始巴菲特還要媽媽叫上數次才睡眼惺忪地爬起床，逐漸就能自己主動地去上班了。

利拉從來不走近他掙來的錢半步，巴菲特在房間裡特設了一個裝錢的抽屜，他辛辛苦苦掙來的每一分錢都安安全全地被存放在那裡。他的積攢是他的一切，這並不是說巴菲特是如何的吝嗇，而是這每一分錢都是他未來放飛理想的通天階梯。

最後，巴菲特還是選擇了一個好的線路，那就是為上流階層送報，他選擇的這條路線上有六位美國參議員，還有上校和高級法院的法官。還有奧維塔卡爾普·霍比以及物價管理局辦公室的負責人里奧·漢德森。

到這個時候，巴菲特認為自己已經是一個熟練的送報工了，不過他還要應對一個複雜的邏輯挑戰。因為他所選擇的線路包括了五幢建築。五幢建築

中有四幢相鄰，有一幢獨立成戶。送報區域包括了兩棟以上公寓樓，要穿過教堂大街，還有馬林大街和沃里克大街。

為了盡快把報紙送到，每天清晨，巴菲特睡眼惺忪地坐上華盛頓運輸公司的公車，連早飯也來不及吃就出發了。他搭上首班公車，前往西徹斯特的教學大街三九〇〇號。

不僅坐車早，巴菲特在裝束等其他方面，也追求效益最大化。巴菲特送報時都穿上網球鞋，坐車用公車通票，這樣他每天只要花三美分就行了。

巴菲特的公車通票號碼經常是〇〇一號，這是因為每週他總是第一個買通票的人。每天下了公車以後，巴菲特就跑過幾個街區，趕到目的地，以盡可能快的速度，把報紙送到客戶手中。

就這樣，巴菲特靠著精明和勤奮，獲得了很多客戶的認同。巴菲特也因此獲得了一筆不小的收入。

當然，巴菲特自然不會滿足於送報紙的利潤的。具有極強經商意識的巴菲特，在送報紙的同時，還向訂報客戶推銷桌曆，並將其發展成為另一項副業。

巴菲特在送報紙的同時，推銷雜誌則更能體現出他的精明之處。

一天，巴菲特去送報紙時，一個客戶正把一些舊雜誌扔掉。

巴菲特就親切地說：「先生，你能把這些舊雜誌送給我嗎？」

「當然可以了。」客戶高興地把舊雜誌送給了巴菲特。

從此以後，巴菲特就經常向所有的客戶要沒有用的舊雜誌。巴菲特要這些舊雜誌也是有目的的。

原來，巴菲特收集到舊雜誌後帶回家。然後，他再檢查雜誌上的標籤，並透過各種途徑，查閱到每一份雜誌的訂閱時間。然後，巴菲特把訂戶資料整理成卡片。在哪位客戶的雜誌訂閱期臨近時，巴菲特就會上門拜訪，向他們銷售新的雜誌。

　　透過賣報紙、桌曆和雜誌等業務，十多歲的巴菲特獲得了不菲的收入。

　　一九四四年年底，巴菲特填報了他的第一筆所得稅，金額是七美元。雖然金額並不大，但像這麼小的孩子，就能有自己收入的情況，無疑是非常少見的。

　　考慮到可以增加產品種類來提高收益，巴菲特同時也在公寓裡兜售雜誌。其中的祕訣在於能在恰當的時機徵詢訂閱。巴菲特總能在某個訂戶的某種雜誌期滿時，彬彬有禮地敲開他的房門，微笑著問：「先生，您想繼續訂閱某種雜誌嗎？我也許能幫您這個忙。」結果當然是雙方都很滿意。

　　其他的報童對巴菲特的這項本事真是嫉妒得要死，但他們缺乏的其實只是巴菲特的那種觀察力和頭腦。巴菲特並沒有什麼未卜先知的特異功能，他發現訂戶們總是把雜誌放在樓梯口，你只要撕下通知他們訂閱期滿的地址標籤，就可以對每個人的訂閱期限瞭如指掌。

　　巴菲特是個很受歡迎的小報童。

　　「嗨，你好啊！我們的小男孩！」每天早上，電梯間的女孩們都會這樣甜甜地和他打招呼。

　　「你們好，漂亮的小姐！」巴菲特也會給她們一個大大的笑臉，順手遞過一份送給她們的免費報紙。

　　「知道嗎，華倫？七樓的斯蒂夫夫婦就要搬家了。」

　　「是嗎？那我得拜訪他們一下，這個月的報費他們還沒交呢！」這就是巴菲特和女孩們的互利聯盟。

　　戰時的華盛頓人們頻繁地搬進搬出，有時就會忘了付錢給他。如果每個月都碰上這麼幾個倒楣事，那巴菲特的損失就大了。和電梯間的女孩搞好關係後，他可就再也不用為對不上帳發愁了。

　　總而言之，巴菲特把他的送報工作做成了一樁大生意，他每個月可以掙到一百七十五美元，這是許多全天工作的年輕人才能賺到的數目。更難能可貴的是，他把掙到的每一分錢都積蓄起來。

這段時間對巴菲特的影響很大，不僅培養了他重視市場調查，以客觀事實為決策依據的習慣，而且他從實戰中磨礪出了非常敏銳的洞察力，無疑對於一個投資家來說，這是必備的精準眼光。毋庸置疑，這種能力為他後來在投資事業上的成功奠定了堅實的基礎。

少年巴菲特一直受一本書的影響，這本書就是《賺一千美元的一千招》。

有一天巴菲特在圖書館，他看到書架上有一本銀色的封面的書，非常耀眼。他取下一看，書名就是《賺一千美元的一千招》。

這本書用「以自製的軟糖起家」、「杜格爾夫人變三十八美元為百萬財富」等故事，來鼓勵人們如何成為富翁。巴菲特立刻被吸引了，他想如果這一千招都用上，不就能賺到一千萬美元了嗎？

巴菲特馬上打開書，看見封面內頁有一張照片，一大堆錢幣，像山一樣高，旁邊站著個男人，顯得像個小矮人。書的第一頁上寫道：

機會在敲門。對於那些只有小小一筆資本想要獨立開創事業的人來說，現在正是美國歷史上最好的時機。

對於一心想賺大錢的巴菲特來說，書中文字的吸引力非常大，他趕緊往下讀。

給巴菲特留下深刻印象的是書中的警告。警告的內容是：

除非你開始行動，否則不可能成功。開始賺錢的方法就是馬上開始行動。美國有成千上萬的人，想要賺大錢，卻根本沒有賺到大錢，因為他們總是想等這個和那個條件具備了才開始行動。

這些充滿鼓動性的話，激起了巴菲特渴望獲得財富的雄心。在少年巴菲特的腦海裡，經常迴蕩著：「行動，立即行動，不論你有什麼夢想，千萬不要等待。」

在賺錢這一理念的推動下，巴菲特更加喜歡經商了。那時，他經商的方式很多，包括賣報紙、雜誌和可樂，賺取了許多錢。

一九四五年暑假過後，巴菲特年滿十五週歲，進入威爾遜中學，開始上十年級，類似於高中一年級，從國中生變成了高中生。別看他人小，但已經是老闆了。

但他依然堅持經商，主要包括送報等。那時候，巴菲特每天早晚送兩次報紙，一天只工作兩小時左右，一個月就能賺一百七十五美元。

一百七十五美元，這個收入在當時比他的中學老師月工資還要高。巴菲特已經屬於高收入階層了，這使十多歲的巴菲特感到非常自豪。

儘管每個月掙的錢比老師還多，存的錢比大學畢業生工作了幾年還多，但只有十五歲的巴菲特，花起錢來卻比誰都少。

高中時的一天，班主任老師給全班同學開了個會，大家輪流自我介紹一下。輪到巴菲特了。他不慌不忙地站起來，面對著全班同學說：「我是來自於內布拉斯加州的巴菲特，在奧馬哈附近擁有一家農場。」

頓時全班一片譁然，各種質疑的聲音也隨之響起。

「是騙人的吧？」

「都是父母贈送的吧？」

也難怪，同學都感到，巴菲特人瘦得跟猴兒一樣，脖子細得跟麻稈一樣，運動鞋破得跟要飯的一樣，見了人害羞得跟小姑娘一樣，他怎麼可能是農場主呢！

然而，這確實是一個事實。原來十四歲的時候，巴菲特送了三年報，已經攢了兩千多美元。巴菲特取出其中的一千兩百美元，將它投資到了內布拉斯加的一塊四十英畝的農場上。就這樣，巴菲特擁有自己的農場了。

不斷進行嘗試

　　挫折會使人痛苦，但有時候它也是一件好事，它能夠給你帶來另一種思考方式。

——巴菲特

▋不成功的出逃

在不斷進行嘗試的過程中，巴菲特還曾經做過一件被描述為「不成功的反叛」的出逃事件。

那時候，巴菲特隨著爸爸來到華盛頓，進入一所中學讀書，他的學習成績很糟。只有當爸爸威脅要取走他珍愛的送報路線圖時，他的成績才有所提高。

「華倫，華倫！華倫巴菲特先生！」老師憤怒的聲音迴蕩在整個教室裡，全班同學都興奮地忍住笑等著看好戲上演。

「什麼？先生？」伏在課桌上正埋頭大睡的男孩被突然驚醒，慢吞吞地爬起來，迷迷糊糊地問。教室裡立刻爆發出一陣笑聲。

笑聲讓巴菲特清醒了一些，他抓一抓亂蓬蓬的頭髮，扶扶沉重無比的大黑邊眼鏡，揉一揉惺忪的睡眼，很無辜很可憐地望望四周，終於看到了面沉似水的老師以及滿臉笑意與期待的同學們。

「我想知道你為什麼每天都這樣一副睡不醒的樣子。難道我的課堂就是你睡覺的地方嗎？」老師再一次提出了質問。

「因為我困，先生。」巴菲特考慮了一下，很誠懇很認真地回答。這倒是實情。他每天早上很早就出門送報，工作量也的確大了一些。

教室裡響起的笑聲立刻又增加了一倍音量。

「華倫·巴菲特！」老師被氣得臉色鐵青，恨不得狠狠教訓一下這個讓所有老師都撓頭的特殊學生。

「鈴鈴鈴……」下課鈴聲替雙方都解了圍。老師一邊收拾教案，一邊厲聲對巴菲特說：「如果我沒記錯的話，你母親此時應該正在校長的辦公室裡。你要好自為之，巴菲特先生。」

同學們都抓起書包，魚貫而出，只有巴菲特一個人懶懶地斜坐在位子上。老師說得對，他要等媽媽和校長談完話後一起回家。巴菲特還清楚地記得昨晚他通知媽媽，校長想和她談談後，媽媽臉上那難以置信的表情。

　　大家都在興高采烈地議論著放學後的種種計劃與安排，看上去沒人注意到巴菲特的寂寞與孤獨。他在班上年齡最小，又是轉學插班而來，平常總是在他那副大眼鏡的掩護下，將自己縮在一個角落裡，既不與女孩子們說笑、約會，也不參加男孩子們的遊戲玩耍，別人自然也就忽略了他，將他排斥在班級主流之外了。

　　面對老師的批評，具有叛逆性格的巴菲特越來越忍受不了沒人喜歡他的新學校和沒有老朋友玩的新城市，於是決定離家出走。

　　儘管時間不長，也沒有發生什麼不幸，但是他的舉動著實讓父母大吃一驚。後來據姐姐朵莉絲回憶說：「他是和兩個朋友一塊跑掉的，後來被警察收容了。」

　　巴菲特當球僮時聽人說過，在賓夕法尼亞州的赫爾希鎮上，有個非常有名的高爾夫球場。於是，巴菲特決定去赫爾希鎮，因為他到那裡可以當球僮賺錢養活自己，再圖更大的發展。

　　一個人不行，得帶兩個朋友一塊兒闖。巴菲特連續忽悠了幾天，終於鼓動了兩個朋友托尼和貝爾，一同前往。

　　出逃開始了，三個學生跑到公路上，攔到一輛順風車，整整開了三四個小時，跑了兩百四十多公里，終於成功到達了赫爾希鎮。

　　「快看，快看，看那樹啊！」一路上，貝爾已經不知道這樣興奮地喊過多少回了，他是一位密蘇里州國會議員的兒子。

　　「我說，你穩當點兒，好像沒見過什麼世面似的。」另一個男孩托尼故作成熟地制止貝爾。

　　「華倫，華倫，赫爾希的高爾夫球場有多大？我們做球僮賺的錢能不能養活自己？」貝爾轉移了目標，和托尼一起滿懷希望與期待地等待著巴菲特的回答。

　　「做球僮、賺錢都不是目的，我們關鍵是要換換環境，見見世面！」巴菲特的臉上掛著近來很少見的輕鬆笑意。

　　成天待在學校，待在華盛頓那個他一點兒都不喜歡的鬼地方，簡直快讓他發瘋了。於是他和兩個好朋友一拍即合，策劃了一次逃離，一次真正的反叛。他們沒做任何準備、沒告訴任何人就離家出走了，倉促得甚至沒帶一支牙刷。

　　下了車後，三個人找了一家普通的旅館，登記住宿。也許是抑制不住興奮，三個小傢伙一邊走，一邊跟幫他們拿行李到房間的服務生大吹特吹一番自己獨闖天涯的壯舉。

　　第二天醒來，三個人準備去球場找工作。一下樓，一個巡警攔住了他們：「三位同學，跟我走一趟。」

　　巴菲特三個人還沒有想好如何應變，就被帶到了警察局。

　　警察開始詢問道：「你們三個人從哪裡來啊？跑到這裡幹什麼啊？」

　　經過一路的思索，巴菲特已經想好了應對辦法。他用略帶緊張的口氣說：「我們是出來一邊旅遊一邊學習歷史的，我們歷史課剛講了美國南北戰爭最慘烈的蓋茨堡戰役，我們要到附近的蓋茨堡戰役紀念館參觀，我們出來之前經過老師和家長同意的。」

　　警察看到巴菲特說得煞有介事，真的有些相信了。

　　然而，就在這時，警察桌子旁邊有台電報機「嘟嘟嘟」不停地響。聽到電報機的聲音，巴菲特開始擔心家裡人已經報案了，那樣很快華盛頓警局就會發來電報。

　　這樣一來，自己編造的謊言一下子就會被揭穿的，自己還是免除不了被押送回去的命運。

　　當然，事情並沒有那麼巧合。電報和他們沒有關係。接完電報後，警察對巴菲特三個人進行了一下例行的教育後，就把他們放了。走出警察局大門後，心存僥倖的三個孩子又犯愁了：下一步去哪裡啊？

　　托尼沮喪地問巴菲特：「華倫，我們現在怎麼辦呢？」

　　經過一段時間的反覆商量後，巴菲特三個人終於決定，還是回華盛頓，回到爸爸媽媽身邊。

　　就這樣，巴菲特的青春叛逃以失敗而告終。這次離家出走，巴菲特是主謀，自然遭到了爸爸媽媽的責罵。

　　儘管找翻了天，急上了火，但霍華德和利拉還是張開雙臂，熱淚盈眶地擁抱了自行返家的兒子。霍華德知道一定要和巴菲特談談了。

　　「你不喜歡華盛頓，面臨著陌生的環境和青春期的煩惱，這些我們都知道。而你也應該知道，作為父母，我們是多麼愛你，願意幫助你共同克服任何困難。」霍華德慈愛地看著低頭不語的兒子，語氣漸漸轉為嚴肅，「但我們絕不能容許你繼續這樣下去。」

　　爸爸霍華德看著淘氣的巴菲特，生氣地說：「華倫，不管你是不是喜歡華盛頓，但必須要提高你的學習成績。否則我就要停止你的送報工作。你現在的主要工作就是學習，只有學習好了，你才可以做其他工作。你明白我的意思嗎？」

　　看到因為自己的出走，而使爸爸媽媽如此傷心，如此憤怒，巴菲特感到非常難過。

　　巴菲特輕聲地對爸爸說：「爸爸，你放心，我再也不會離家出走了。我會提高我的學習成績的，但是你不要停止我送報的工作，好嗎？」

　　爸爸看著十多歲的兒子，無奈地點了點頭。透過這件事，巴菲特認識到了出逃的種種壞處，從此開始安下心來學習了，巴菲特突然變得用功了，行為也馴順了許多，他的學習成績也很快得到了提高。

　　如果說此前他對做生意純粹出自本能的興趣、對於股票的熱忱、對數字的敏感，那麼他的這次出走越發讓人難以理解。不過，當人們知道了巴菲特出逃的目的後不禁啞然失笑。

　　巴菲特的一生都不可避免地和商業緊密相連，別看這次出走不過是年少時的一次經歷，也和商業有著千絲萬縷的聯繫。他之所以把出走的地點選在

賓夕法尼亞州的赫爾希,目的是參觀當地聞名已久的好時巧克力工廠,因為這樣他可以免費得到一個巧克力棒。

好時巧克力工廠留給巴菲特的印象是深刻的,當他計劃實施消費者「特權」這一經營概念時,巴菲特還是經常提起這家工廠所具有的性質。而從側面解釋了何以自己當時會受到免費巧克力的吸引,而不惜以身冒險,而這次出走也為巴菲特日後的成功提供了一個經驗。

▌學會與人相處

從一九四三年一月離開老家奧馬哈來到華盛頓,整整三年,巴菲特雖然在經商上賺了不少錢,但他在與人相處上一直不是很成功。

巴菲特的思考方式像個商人,但他的樣子可不像。他和同學相處得很不好。他長年累月地穿著同一雙破破爛爛的運動鞋,在鬆鬆垮垮的褲子下面可以看到往下垂的襪子,細細的脖子和窄窄的肩膀縮在襯衫裡面。如果被迫要穿禮服和皮鞋時,巴菲特就會穿著讓人瞠目結舌的黃色或白色襪子,在那雙被磨損的皮鞋外面露出一截。

有時巴菲特看起來很害羞,幾乎是一派天真的樣子,而有的時候,他又說話尖刻,咄咄逼人。巴菲特的這些特徵,使他非常沒有人緣,老師和學生大都不太喜歡他。巴菲特的同學對他的評價是他說話吞吞吐吐、猶猶豫豫。

那時候,巴菲特的很多同學都滿懷激情地投入到了青春期的生活中去,參加各種聯誼會,參加彼此在家裡地下室舉行的各種聚會等。

在各種聚會上,巴菲特的同學們充分享受了汽水、熱狗和冰淇淋,人們在音樂下唱歌、跳舞,而巴菲特則顯得非常孤獨,經常是伸長了脖子好奇地觀看。

但是,巴菲特沒參加過幾次這樣的聚會,他對於股票的熱情更加高漲。人們很難想像一個只有十多歲的孩子會對變幻莫測的股市如此感興趣,會捨棄自己的娛樂時間去研究股市規律。

事實上，正是那一串跌宕起伏的數字，給巴菲特帶來了常人難以想像的樂趣，別人說什麼、做什麼都不能給這個小夥子帶來任何影響，他始終堅定地走著自己的路。

透過打工、送報、經營彈子球機以及出租二手車、賣高爾夫球、投資股票、當合夥人等嘗試，巴菲特逐漸登上成功的寶座。儘管他走的每一步都不是事先規劃好的，但是，未知的未來對巴菲特來說是美好和充滿挑戰的。

對於這個古怪的兒子，巴菲特的父親霍華德常常感到疑惑。因為他和同齡的孩子大不一樣。霍華德曾經試著鼓勵巴菲特和她姐姐到附近農場度過暑假的時光，希望藉此能讓孩子們接觸到農場和大自然。

可是，這期間巴菲特好靜獨立的傾向越來越明顯，他不會像姐姐那樣在農場中奔跑、跳躍。據他姐姐後來回憶說：「我從來沒看見過他拿著犁工作過，大部分時間都在看書。」

強烈的孤獨感使巴菲特一直非常不適應新的城市和新的學校。本來就是青春叛逆期，越不適應，他就越叛逆，也越讓人討厭。

儘管離家出走過，儘管上課搗亂，但巴菲特從小是一個好孩子，內心還是想做一個老師和同學以及家長都喜歡的好孩子。他希望周圍的人能接受他和喜歡他。

無聊之時，巴菲特常常想：有什麼辦法能讓別人都喜歡我呢？爸爸忙著上班，媽媽忙著幹家務，老師忙著上課，同學忙著學習，誰能教會我一套辦法，讓別人都能喜歡我呢？

一天，巴菲特忽然想起，自己曾經在爺爺的書架上讀過一本書，是一個做過推銷員的人寫的，他叫戴爾·卡內基，那本書的名字很吸引人，《如何贏得朋友和影響他人》。

書的第一頁有句話：如果你想採到蜂蜜，就不要踢倒蜂窩。卡內基說的意思是，你想和別人做朋友，得到甜蜜的友誼，就不要批評別人，因為批評會傷害別人的自尊心，讓人心生怨恨，這就像捅了馬蜂窩一樣危險。因此卡內基總結出的贏得朋友的第一個基本原則就是：千萬不要批評別人。

巴菲特第一次看到這本書時只有八九歲。那時只是為了好玩,大概翻了翻,並沒有細看。現在,他想起這本書來,才意識到贏得朋友、讓別人喜歡你太重要了。於是,巴菲特立刻跑到圖書館借來這本書,如飢似渴地讀了起來。

在卡內基的著作中,巴菲特看到了許多關於和人相處的準則,其中,不要批評是最重要的基本原則。

其他還有:

人人都希望受到注意和讚美,沒有人希望被批評。

在所有文字中,最好聽的聲音是自己的名字。

處理爭執最好的方法就是避開爭執。

如果發現自己錯了,馬上坦白認錯。

詢問問題,而不要命令別人。

幫助別人留下好名譽。

婉轉指出別人的錯誤,讓別人保住面子。

看到這些與人相處的原則,十五歲的巴菲特突然頓悟,這不正是自己想要尋找的為人處世的基本原則嗎?自己特別不擅長為人處世,掌握了卡內基這一套基本原則,自己就能很好地與人相處,在任何情況下都能讓別人接受我和喜歡我。

巴菲特的心被觸動了。他想他找到了真理。這是一套系統方法。他在社交方面覺得自己缺陷很大,需要一套系統的規則向人們推銷自己。這套方法一經學會,他就可以隨意運用,而無須針對每一種變化的情形做出新的調整。

當然,巴菲特也不禁有些疑問:卡內基說的這些原則真的有效嗎?如果他遵照卡內基的規則,結果會發生什麼,如果他不按照規則行事,又會出現什麼結果?

帶著問題,巴菲特繼續往下讀。

他又看到卡內基說：

光是閱讀這些原則沒有用，你必須實踐應用這些原則，因為我所說的是一種新的生活方式。

看到這句話，巴菲特心裡有底了。他暗下決心地說：「對，我一定按書裡要求的那樣去嘗試一下。」

說做就做。

巴菲特開始在各種場合試驗卡內基的為人處世方法。有時他照著做，認真聽別人說話，真誠讚美別人。有時他反著做，故意不聽別人講話，故意批評和反對別人。

事後，巴菲特一次次對比分析不同的做法和不同的結果，最後發現卡內基所說的為人處世原則是對的，真的有用。

回想前幾年國中的悲慘時光，就是違反卡內基原則最好的反面例子。很多人都看過卡內基的書，讀了之後的第一反應和巴菲特一樣：卡內基的原則簡直太好了，我終於找到了為人處世的寶典！

不一樣的是，大部分人閱讀並驚嘆之後，把書一扔，做的還是老一套。然而，巴菲特讀後卻能不斷運用，他對自己說：「我不想再過國中那種所有人都不喜歡我的生活，我高中要運用卡內基的新方式過上新生活！」

剛開始時，巴菲特學習運用卡內基的為人處世原則，也經歷過多次失敗，但巴菲特並不放棄。學習卡內基的原則，最大的問題就是要克服習慣的力量。

有一次，為了一個小問題，巴菲特和一個同學意見發生了分歧。爭論時，雙方各不相讓。這時年輕的巴菲特就忘記卡內基的原則了，他又故態萌發，和那個同學爭吵了起來。爭吵的結果當然是不歡而散了。

晚上到家裡，巴菲特還怒氣未消呢！

吃過晚飯，巴菲特坐在自己的書桌前，正在為白天的爭執而惱火。他一抬頭，看到了自己貼在牆上的那個戴著眼鏡向自己微笑的卡內基頭像，突然

醒悟過來：自己怎麼忘了卡內基的話了，「不要和人爭吵」、「要為對方保全面子」這些提醒怎麼忘了呢！

　　想到這些，巴菲特的氣很快消了。第二天還向那位同學道了歉，巴菲特和那位同學又成為了好朋友。

　　習慣的力量確實是很大的，但巴菲特有著堅強的毅力。即使有一段忘記了，有一段不用了，但他總會回過頭來再複習、再練習，重新思考，重新應用。

　　時間越長，練習效果越明顯。隨著時間的推移，巴菲特的性格終於發生了很大的變化，他開始越來越受同學們喜歡了。他的朋友比國中時多了好幾個，他還加入了學校的高爾夫球隊。

　　當然，這只是巴菲特學習卡內基的開始，後來他又重新學習了好多次，實踐了好多年，才運用得越來越成功。因為巴菲特學會了這些為人處世的基本原則，從此他的一生也因此發生了改變。

　　來到華盛頓，巴菲特所就讀的是威爾遜高中。在這裡他就像以前在奧馬哈一樣，逐漸認識了許多朋友，唐納德丹利就是其中和他關係非常好的一位。

　　學校裡的男孩子們喜歡在課後打撲克牌，竭力在輸贏中表現得像大人那樣漫不經心、滿不在乎。巴菲特從不參加，卻喜歡站在別人身後看牌，神情緊張地唸唸有詞，看上去比玩的人還要認真。原來，他一直在計算撲克牌裡的輸贏機率，這才是遊戲吸引他的原因。

　　一天，巴菲特突然發現觀戰人群中居然還有一個男孩有和自己一樣的表現，立刻覺得遇到了知音。他耐心地等那男孩抬起眼睛，主動上前伸出了手：「喂，你好，我叫華倫·巴菲特。」

　　「你好，我是唐納德·丹利。」

　　「我對商業很感興趣。」巴菲特自我介紹。

　　「可我酷愛科學。」丹利的表情有些失望，但他的眼睛突然一亮：「等一等，十五加八十八加七十九加四十六加五十一加九十七是多少？」

　　「三百七十六。」巴菲特脫口而出。

兩個人將手喜悅地握到了一起，熱愛科學的丹利和對商業感興趣的巴菲特發現了兩人之間的一種共同語言——數字。

他們很快便成了好朋友。丹利是一個嚴肅而聰慧的學生，父親是司法部門的一位律師。第二次世界大戰結束後不久，丹利失去了母親，父親又去日本起訴戰犯，他的多數時間都在巴菲特家度過。曾經飽受思鄉之苦的巴菲特很理解朋友的心理，使丹利大大慰藉了喪母之痛。

兩個孩子一起演奏音樂，巴菲特彈烏克麗麗琴，而丹利則彈鋼琴。高興時就琴聲悠揚，和諧動聽；憂惱時就亂彈一氣，喧噪刺耳，然後相顧哈哈大笑。這是難得的純真友情。

有一天，巴菲特跑去告訴自己的朋友丹利一個新想法。

「我用二十五美元買了一台舊的柏青哥，」巴菲特說，「我們可以合夥，你負責修理機器。」

談到在哪裡經營時，巴菲特說：「我們去告訴理髮師弗蘭克·艾里克，就說我們是韋爾森投幣機公司的代表，韋爾森先生讓我們向你提個建議。你不會冒任何風險，艾里克先生，我們把這台投幣機放在理髮店的後面，當你的顧客在等待理髮的時候他們可以玩這個，利潤我們平分。」

丹利對這一想法非常認同，他躍躍欲試。雖然在此之前，沒有人在理髮店放置柏青哥，但他們還是把這個建議告訴了艾里克先生。

理髮師艾里克竟然真的被丹利說動了。於是，兩個男孩把柏青哥拆卸下來，放進丹利父親的車裡，運到艾里克先生的理髮店，再把它裝好。

　　柏青哥放置好的第一個晚上，巴菲特和丹利來到理髮店後面查看情況。當天，柏青哥就取得了不錯的收入，艾里克先生也很高興，柏青哥被留下來了。

　　一週之後，巴菲特把柏青哥裡的錢全都取出來，分成兩堆。「艾里克先生，」他說，「我們就不要那麼麻煩你一個和我一個地分了，你拿走你想要的那堆吧！」

　　在艾里克拿走桌子上靠近自己的那堆錢後，巴菲特數了數另一堆，一共有二十五美元。這足夠再買一台柏青哥了。

　　很快，有七八台來自「韋爾森先生」的柏青哥，被擺放到了鎮上的理髮店裡。

　　此時，巴菲特清醒地認識到，自己必須和理髮師搞好關係。這一點非常關鍵，因為柏青哥價格並不是很高，理髮師完全可以自己花二十五美元去買台柏青哥。如果那樣，巴菲特就沒法再從中受益了。

　　除了處理好和理髮師的關係外，巴菲特兩人還利用各種明示或暗示的方法，讓理髮師們相信，一個季度得花四百美元雇一個人修理柏青哥。

　　隨著生意越來越好，兩個人決定要迅速擴大營業規模，多買幾台機器，多設幾個點，並且在內部進行了人員分工。巴菲特管錢，負責籌措資金進貨，而且負責記帳並影印出每個月的帳務情況報告。

　　而丹利管技術，如果機器出故障了——事實上，這些舊機器經常出故障，理髮師們就馬上通知丹利，丹利和巴菲特就駕駛著丹利那輛老掉牙的別克車，轟隆隆地開過去，丹利負責修理它們。

　　大約一個月之內，他們就在三家理髮店裡設置了柏青哥，生意好得不得了。很快，他們又擴大到了七家。在挑選理髮店地址時，巴菲特總是堅持選那些較小的，遠離主要街道的地方。

　　「可是如果我們選那些位於熱鬧街市的大理髮店，生意不是會更好嗎？」丹利很不理解巴菲特的用意。

「老兄，別太貪了。我聽說那些主要街道都是由黑手黨或者其他有勢力的人控制的，是要交什麼『保護費』的。」巴菲特仔細地講給朋友聽，「如果他們要控制我們的生意，我們兩個小孩子哪裡鬥得過人家。還是老老實實地賺我們的小錢吧！」

在和理髮師打交道的過程中，巴菲特和丹利兩人都還是孩子，這使得那些理髮師們老是想欺負他們。為了應付這個問題，巴菲特也想出了許多點子。

一次，巴菲特和丹利去和一個客戶打交道。那位理髮師不客氣地說：「你們的機器老是出毛病，早就應該換幾台新的機器了！」

「沒問題，我一定向我們老闆反映，爭取給你換幾台新的機器。」巴菲特隨機應變道。

理髮師奇怪地問道：「怎麼，以前不是說你們就是柏青哥的老闆嗎？你們上面還有老闆？」

丹利接著說：「先生，你誤會了。我們這麼小哪能當老闆呢！我們兩個只是給老闆服務而已，而且我們只是負責這一帶的柏青哥，我們的老闆還有許多柏青哥呢！」

理髮師驚訝地說：「是嗎？你們老闆是誰啊？」

巴菲特和丹利故意相互看了一眼，巴菲特說：「對不起先生，我們老闆的名字是不能對外說的。他是一位很有地位的先生，這一帶的政府和黑手黨，都要給他一些面子呢！」

聽了巴菲特的話，理髮師也不知道巴菲特的話到底是真是假。但心裡畢竟還是有所顧忌的，以後對巴菲特兩人態度上明顯地好起來了。

他們很嚴肅地走出理髮店，坐進汽車，關上車門，巴菲特和丹利突然不約而同地狂笑不止，直至笑痛了肚子。

他們每週都開車巡查一次，將這齣戲按不同的方式重演一遍。他們投資的所有理髮店店主們最後都相信了他們的話，認定這兩個男孩子來頭不小。

而他們卻在事後津津有味地模仿著店主們的言談舉止，覺得異常開心，再也沒有人試圖欺負他們了。

「丹利，你知道我們這週的收支情況嗎？」一天，巴菲特極其憂慮地問朋友。

「怎麼了？我們不可能賠錢的！」丹利觀察著巴菲特的表情，擔心地問。

「不是賠，而是……」巴菲特拿出財務表，突然放聲大笑，「大賺特賺，我們一週就賺了幾百美元，丹利，我們要發財了！」

「哇，我不是做夢吧，巴菲特，生活真是太美好了！」丹利興奮得兩眼放光。

「我說，兄弟，我們應該給我們的事業起個名字，一個別人問起時叫得出的響亮的名字。」丹利提議道。

「威爾遜！我已經想好了，就叫『威爾遜角子機公司』。」巴菲特毫不猶豫地回答。兩個人都沉浸在對未來的無限憧憬之中。

就這樣，巴菲特和丹利兩人透過柏青哥賺了許多錢。

巴菲特因此而積攢下來一筆小財：五千美元，閃閃發光的一堆錢，給年輕的巴菲特帶來了無窮的樂趣，也激發了他走向更加輝煌的信心。

▌充實的校園生活

在爸爸當選為國會議員之後，巴菲特來到華盛頓市，曾經先後就讀於迪爾國中和威爾遜高中。

巴菲特如飢似渴地讀著每一本可以搞到手的商業類書籍，鑽研著各種商業報表，同時為他的送報路線和柏青哥生意操勞著。家裡人和朋友們都看到了他這種不懈的奮鬥過程。

關於他是投資股票方面的專家的猜測甚至紛紛流傳到了學校，所有老師和學生都知道高年級有個叫巴菲特的「股票專家」。據說是投資方面的天才人物，連老師們都千方百計想從他那裡挖出一些關於股票方面的知識。

一天，巴菲特被請到了教師辦公室，有許多老師正興致勃勃地觀察、打量著他。「巴菲特，聽說你對股票很在行？」一位老師率先發問。

「不，我只是對股票比較感興趣罷了。」巴菲特已經又恢復到那種又溫順又謙遜的樣子。

「那麼，最近有沒有買進什麼股票啊？」另一位老師拋出了最想知道的重點。

「買倒沒買什麼，不過最近拋出了一手股票。」巴菲特慢吞吞地回答，故意賣了一個關子。

「哦，你拋了什麼股票？」一個急不可耐的聲音。

「AT&T 股票。」一絲不易覺察的笑意偷偷爬過巴菲特的嘴角。

「什麼？！」幾位老師同時大叫起來，「AT&T 可是美國電話電報公司的股票，是王牌股票，一直在升，從沒降過啊！」

「話雖這麼說，不過，從目前大盤走勢來看……」巴菲特撿起一根粉筆，在黑板上熟練地畫出一個報表，開始了他長篇大論的解釋。

一群老師像學生一樣認真地聽著這位學生的理論，時而贊同地點頭，時而迷惑地皺眉，待巴菲特志得意滿地放下粉筆時，有數位老師已經神情沮喪，恨不得立刻跑到股票交易所拋出 AT&T 了。

巴菲特一走出辦公室，立刻就被在門外等候已久的丹利摟住了脖子：「華倫，你的口才真厲害，我看老師們都快聽傻了，看上去你倒像是他們的老師呢！」

「這算什麼，我只是給他們做一下簡單的股市分析罷了，反正難得有人聽我講。」

「可是，華倫，AT&T 真的要跌嗎？」

「我只是和他們開個玩笑而已。丹利，」巴菲特好笑地看著朋友，「我知道許多老師手裡有 AT&T 股票，他們又都認為我很懂股票，我想如果我做 AT&T 的話，他們一定會害怕自己的退休金都要泡湯了。」

「華倫，你膽子太大了！」丹利簡直難以置信。

「你放心，股市最近沒什麼波動，拋出買進不會有什麼損失。」巴菲特的神情變得很嚴肅，「不過，做股票一定要相信自己的判斷，有足夠的耐心與信心，人云亦云是不會有大收穫的。」

如果巴菲特上常規的三年制高中，他從威爾遜中學畢業的時間就應當是一九四八年二月。但是，聰明的巴菲特僅用兩年半的時間就修完了全部學業，於一九四七年六月取得畢業文憑，時年十六歲。

在威爾遜中學一九四七屆三百五十多名同學中，巴菲特名列第十六位。和巴菲特相比，他的好友丹利在學習成績上則顯得優秀一些，他獲得了排名第一的成績。

參加完畢業典禮後，巴菲特和他的好友丹利帶著紅彤彤的臉頰、笑盈盈的雙眼，興沖沖地一起回到巴菲特家，腋下挾著一年一度的威爾遜年鑑。

這是老傳統了，威爾遜中學每年都要對自己的畢業生做一番評述，不僅記錄下他們的青春容顏，還要預測他們的事業走向。

家裡人早已對兩位優秀生等待已久，紛紛圍過來表示祝賀。

小妹羅貝塔眼尖，一把搶過哥哥手裡的威爾遜年鑑，口中不住嚷嚷：「讓我看看上面是怎麼寫華倫·巴菲特的！」

她的小手迅速翻動著紙頁，很快就在「B」字開頭的名字中找到了哥哥，戲劇性地清清嗓子，所有人便都安靜下來聽她清脆的童音念道：「……有一雙明亮的，流露著渴望的眼睛，整齊中分的頭髮和溫順的笑靨。」

她做了一個鬼臉，巴菲特的臉都漲紅了。羅貝塔繼續念出職業預測這一欄：「喜歡數學……是一個未來的股票經紀家。」

這回沒有任何人表示異議，所有人都深以為是地點頭表示贊同。

霍華德將兒子叫到書房，要和他認真談談他的大學選擇問題。專業沒什麼問題，關鍵是讀哪所大學。

「華倫，附近賓夕法尼亞大學的華頓商學院很有名氣，你可以去那兒的財務和商業系唸書。」他提出自己的建議。

「可是，爸爸，我去學校唸書只會浪費青春。」巴菲特卻有自己的主意，「我已經掙了五千多塊錢了，分發了將近六十萬份報紙，開了威爾遜角子機公司，買了一個內布拉斯加農場，還讀了不下一百本有關商業的書籍，我還需要學什麼呢？」

「可是你仍未成年，仍然需要學習。」霍華德耐心地提醒巴菲特，「學校教給你的將是完整、系統的專業知識，這和你自學摸索得來的理論是大不相同的。」他慈愛地拍拍兒子的肩，「我還要在華盛頓工作一段時間，我和你母親都希望你能在離家近一些的大學唸書。」

「好吧，爸爸，我聽你的安排。」巴菲特妥協了。經過爸爸的一再勸說，本來不願繼續讀書的巴菲特接受了爸爸的建議，答應在華盛頓附近找一所大學繼續學習。

就這樣，巴菲特終於選擇了賓夕法尼亞大學攻讀財務和商業管理，並在當年開始了學習。賓夕法尼亞大學的學習生活使巴菲特感到非常不開心，他認為他就讀的華頓商學院雖然名氣很大，但所開課程並不能讓他感到滿意。

巴菲特曾經對他的朋友說：

華頓商學院的教授們確實很優秀，教的理論也很完美。但是在如何賺取利潤的細節上，總是極度無知。

而我最希望學的就是如何能夠賺取到更多的利潤。因此，我感覺到很失望。

也許正是因為對學校生活的失望，假期一到，巴菲特就急忙趕回了家裡。一回到家，巴菲特就急忙找比他大一歲，並同自己一起做過生意的同學丹利。

　　一見到巴菲特，丹利就高興地說：「嘿！華倫，你來得正好。我正有一件事要告訴你，我們這個假期又有事情可以做了。」

　　「真的，什麼事？」憋悶了一個學期的巴菲特興奮地望著丹利急切地問。

　　丹利說：「我在巴爾的摩南郊發現一輛勞斯萊斯轎車，只要幾百美元就能搞到手。我們一起去把它搞回來吧！」

　　「那可是個貴族車啊！行，我們一塊兒去把車子搞回來，可以搞出租。」巴菲特回答道。

　　當時，巴菲特和丹利駕駛著一輛，也是他們唯一那輛一九三八年產的別克轎車，前往巴爾的摩了。

　　後來丹利成為蒙桑托公司的技術董事，儘管現在他已然退休在家，但是當他回想起和巴菲特在一九四七年從巴爾的摩購買轎車的情形時，仍記憶猶新。

　　丹利說：「這輛車是在巴爾的摩南郊一個廢品收購站發現的，這輛車是作為廢銅爛鐵出售的，作為交通工具已經沒有什麼價值，它被稱作女士購物車，前面有一個供司機使用的單人折疊座椅，後面有一個雙人座椅。」

　　雖然車很破，但這並沒有動搖丹利和巴菲特兩人的購車興趣。經過一場激烈的討價還價，巴菲特兩人終於以三百五十美元的價格，買下了這輛一九二八年產的勞斯萊斯轎車。

　　開著這輛勞斯萊斯回去，巴菲特兩人都非常興奮。然而，麻煩還是有的。因為這輛勞斯萊斯車的燃油系統有故障，他們必須每隔六七公里路程就得加一次油，而他們回家的路途是四十公里，因此這是一個相當煩人的路程。

　　除此之外，這輛車運行正常，只不過車速不快罷了。一路上，基本上是丹利駕駛這輛勞斯萊斯車，巴菲特則坐在「女士」座位上，而當時正同丹利談戀愛的同班同學諾瑪則駕駛著別克轎車尾隨其後。

　　眼看就要到家了，巴菲特他們又遇到了一個小麻煩。當他們到達華盛頓時，由於沒有汽車牌照而被警察攔住。

面對可能會被處罰的命運，巴菲特又施展起了他卓越的口才：「警官先生，先別忙開罰單，我們正打算把這輛車開回去好好修理一下呢！等修好以後，我們一定辦牌照。」

警察自然不會這麼輕易答應巴菲特的要求，但巴菲特並不放棄，他又對警察訴說他們是如何賣報才賺了一點錢，買了這輛破車，並從老遠的巴爾的摩一路辛苦地開過來的。

就這樣，在巴菲特的一再訴苦下，警察終於給這輛沒有牌照的汽車放了行。

汽車開到家後，他們把車放在了巴菲特家的車庫裡。緊接著，巴菲特和丹利一起開始修理起了這輛非常破的勞斯萊斯。

經商在行，修理汽車巴菲特可就不行了。他們各有所長，丹利是技術能手，而巴菲特是財務行家。

後來丹利曾經回憶說：

修車時，我們把這輛車放在巴菲特家車庫。我願意打理它，有些人說我們共同打理它，其實，巴菲特不善於擰螺絲帽，也不會做任何技術性工作。他只是站在一邊，讀商業方面的書給我聽。

就這樣，花了近一個夏天的時間，這輛破爛不堪的勞斯萊斯終於被修好了。

修好以後，如何利用這輛車那就要看巴菲特的了。經過兩人的短暫商量後，兩人決定採取巴菲特的措施，對外出租，租金為一天三十五美元。

透過柏青哥和出租勞斯萊斯，巴菲特的經商才能得到了很好的體現。因此，丹利後來就曾說：「當時，我就知道他準是一個贏家，但我沒想到他會這麼成功。」

從一九四七年開始，巴菲特一直在賓夕法尼亞大學的華頓商學院學習。儘管華頓商學院是全美範圍內供本科生就讀的最有地位的商學院，班傑明·富

蘭克林創建了賓夕法尼亞大學，並曾經留下「時間就是金錢」、「錢味難嘗，使人心悲傷」等影響全世界的名言。

然而，巴菲特似乎並不喜歡這裡。這個地方到處都是一些富家子弟。有時還會有第二次世界大戰的老兵成群結隊地走過學校的綠地，當時賓夕法尼亞大學校園的中心生活區，簡直成了這幫老兵的天下。

很明顯，學校的這種環境使巴菲特感到有些不滿意。同時，家庭的變化也促使巴菲特作出一些選擇。

一九四八年，巴菲特的爸爸在競選中失敗了，接著全家人又都回到了奧馬哈。這樣只有巴菲特一人孤零零地留在東部了。

更為重要的是，在賓夕法尼亞，巴菲特沒有送報業務，沒有柏青哥，也沒有其他好的生意可以做，這使巴菲特非常的無聊。

雖然很無聊，可是他在這兒也有過快樂的時光。他在這裡一共待了兩年，最大的收穫不在學業上，而是結交了一批朋友，為自己未來的投資者聯營播下了種子。

一推開房門，巴菲特就被一雙手熱情地握住了，「我是查爾斯·彼得森，你肯定是華倫·巴菲特了。」那人先作了自我介紹。

「啊，對！」巴菲特從說話人的口音中聽出了熟悉的味道，「奧馬哈人？」

「是呀，奧馬哈人！」於是兩個老鄉立刻又來了一次熱情洋溢的擁抱。

他的另一個室友可遠沒有這麼熱情，只淡淡地點點頭，簡單地說了名字：「哈里·貝雅。」他是個黑髮黑眸的墨西哥人。

三個人一起開始了新生活，共同上課，共同吃飯，彼此之間說話都很直率。

一天，他們在學生食堂用餐，巴菲特說貝雅入學雖短，但已經是校園裡最嚴肅的學生了：「別人問我的室友怎麼樣，我常常自豪地告訴他們：我和一位墨西哥的『印第安人』住在一塊兒。」

「我才真正的驕傲呢，工業課考試唯一得到『A』的兩個傢伙居然都是我寢室的。」查爾斯是個很好相處的人，最大的優點是絕不嫉妒。

「可我花的工夫要比華倫多得多！」貝雅皺著眉頭，口氣很是不滿，「這傢伙太聰明了，輕而易舉就能取得高分。」

「怎麼，不服嗎？」巴菲特裝出一副挑釁的樣子。

「不，恰恰相反，我很喜歡你，華倫。」貝雅說起話總是一板一眼，絕不開玩笑，「你正是我理想中的那類美國人——誠實，平易近人，絕不擺架子的中西部佬。」

儘管有親朋好友，但巴菲特仍然對賓州大學很不滿意。他認為華頓商學院雖然名氣很大，但課程設置卻並不出色，有些「盛名之下名實難副」的感覺。

放假一回家，他就直截了當地對父親說：「爸爸，我不想再念了。」

「為什麼？你的成績不是很好嗎？」霍華德不明白兒子又怎麼了。

「可是我不喜歡那種模模糊糊走極端的方式。」

「什麼方式？華頓的教授都是很出名的。」

「是，教授們每個人都有一套完美的理論，但在如何賺取利潤的實踐細節上卻都極度無知。我所渴求的卻正是後者。」巴菲特已經想得很清楚。

「讀書就像你做股票一樣，一旦開始，就應該堅持下去。也許因為你剛剛讀大一，課程深度還不夠，所以才不能滿足你。」霍華德仍然堅持自己的意見，「無論如何，我都希望你再堅持一年。好嗎，華倫？」

念大二時，他轉宿舍，住進了阿爾法·西格瑪大廈。那裡的學生在就餐時都打領帶穿夾克，旁邊還有侍者服務。巴菲特不願去上課，每天吃完午飯，就一屁股坐進窗旁雕花的橋牌座椅裡，和大家一起打紙牌或橋牌，但門門考試卻仍能拿到高分數。

有意思的是，巴菲特作為球迷的典範，居然被印在了一份學生雜誌《賓大畫報》的封面上。他叼著雪茄，戴著圓頂禮帽，穿著熊皮外套，手拿著白蘭地酒瓶向身邊的女友遞去，臉上掛著滿足的笑容。圖片的背景是一幅用蒙太奇手法拍攝下來的賓州大學行進車隊，和一個戴皮頭盔的帶球者的形象。

所有認識巴菲特的人看到這幅照片都會忍不住驚呼：「這是華倫嗎？開玩笑！」

事實上，這個封面也的確是個玩笑。巴菲特的朋友查坦克·奧蘭斯是雜誌編輯之一，封面是他的傑作。

巴菲特可能像任何人，就是不可能像封面上的那個男孩。他從不喝酒，在女孩子面前會覺得不自在，而且也不是一個善於社交的人。第二次世界大戰後的美國大學校園裡，有許多受政府資助上學的第二次世界大戰退伍士兵。在這些年長的學生中間，十八歲的巴菲特看上去就像一個來參觀的小傢伙。

一次在課堂上，研究生院的一個講座人重述課文中的一個答案時，發現巴菲特正笑容滿面地看著自己，他禁不住問了一句：「華倫·巴菲特，你笑什麼，難道我講錯了嗎？」

「啊，不，先生，您背得相當正確，」巴菲特很客氣地回答，「只是忘了一個句號而已。」

整個課堂立刻哄堂大笑。講演人氣得滿臉怒容，低聲喝道：「你以為你是誰！」

巴菲特只是聳聳肩不作答，而他的同學卻拉長聲答道：「他是華倫·巴菲特，先生，您最好不要質疑他的記憶力。」巴菲特在這種場合下絕非譁眾取寵，他只是很厭煩那種刻板、教條的教學方式罷了。

事實上，他在費城的股票交易所裡耗去了大量的時間。他跟蹤各種股票的行情，研究圖表，也探聽內部消息，但卻沒有建立一個專門的投資體系。

賓州大學也許是一所讓人喝彩的好學校，但它並不能給予巴菲特以他所渴望的智慧上的滿足。

一九四九年，巴菲特終於選擇離開了赫赫有名的華頓商學院，來到奧馬哈所在的內布拉斯加州，並轉學到了內布拉斯加大學，開始了新的學習生活。

自從巴菲特回到內布拉斯加以後，他只是一個名義上的學生。實際上，巴菲特來到這裡的目的，主要還是在發展他自己的事業。

當然，巴菲特畢竟是個學生，為了不讓學習成績不會變得太差，他還為自己計劃了一項艱苦的任務，那就是要在一九四九年秋季上五門課，一九五〇年春季上六門課。

巴菲特所選擇的這些課，其中多數是商學和經濟學的課。

學習之外，巴菲特又把他的精力放在了他的經商上。這一次，他又重新操起了他的舊業，即賣報。不過，這一次的賣報和以往已經大不相同，因為巴菲特不用再自己去送報了，而是成為了一群報童的頭頭了。

巴菲特的這份工作是這樣的，當時，林肯雜誌社要找一個人來監督下面幾個鄉村報童的工作。在應徵時，具有多年送報經驗，又具有非凡口才的巴菲特，成功地打動了面試官，拿下了這份工作。

正式上崗後，巴菲特開著一輛一九四一年產的福特車，在西南部奔波，為林肯雜誌社監督六個鄉村的報童。

這項工作的報酬是每小時七十五美分，報酬雖然不是很多，但巴菲特感覺很開心，因為自己一下子管理起五十多個孩子，這讓他感到很有成就感。

起初，雜誌社的負責人馬克·西克雷斯特非常擔心一個十多歲的學生能否勝任此項工作。但經過一段時間以後，馬克·西克雷斯特放心了，巴菲特把那些報童「管理得妥妥帖帖」。

當然，巴菲特為了做好這項工作，也花費了很大精力。為此，他每週去學校取回家庭作業，然後閃電般地做完。然後就立刻全身心地投入到他繁忙的工作中去了。

對於巴菲特而言，這可是份量很重的工作，後來他還曾回憶道：

　　假使你在大學唸書的時候，在蘇厄德或波尼城或威平沃特有一條路線，你得找一個小孩來做每天發十五份報紙的工作或是類似的事情，你還得在下午晚些時候或晚上早些時候找到他，這確實是一種勞動。

　　巴菲特的工作不僅讓老闆滿意，也得到了五十多個報童的認同，他們親切地稱十多歲的巴菲特為「巴菲特先生」。這令巴菲特非常開心，他第一次感覺到了經過自己的勞動而獲得人們尊敬的滿足感。

　　每看到巴菲特匆匆忙忙，只關心經商，對做禮拜等活動不夠認真的樣子，伍德就會忍不住地說：「華倫，你已經把《聖經》讀了三四遍，卻依舊對此知之甚少，真讓人不可理解！」

　　看到虔誠的姐夫緊緊皺起的眉頭，巴菲特強忍住笑說：「我比較關注今生，而對來世的一些東西，現在還沒有多少精力來考慮。」

　　聽到這樣的話，虔誠的伍德只好搖搖頭，不再說什麼了。

　　巴菲特確實事務繁忙，他下午較晚的時候才能從那份報紙工作中解放出來。回到家後，讀讀《華爾街日報》，然後和伍德一起走進一個油膩的小飯館裡吃點馬鈴薯泥、牛肉之類的晚餐。

　　除了閒聊，巴菲特也沒有忘記學習。他用最快的速度完成了學業。同時他又一邊做著實際是全職的工作，一邊依舊打著橋牌。

　　到了那年冬天的時候，巴菲特又重新做起了他的高爾夫球生意。做高爾夫球生意對巴菲特來說，可不是第一次了。原來，巴菲特八九歲時，曾經到奧馬哈鄉村俱樂部，給那些打球的有錢人當球僮。

　　奧馬哈的夏天是非常熱的，簡直能把人烤焦了。但家境富裕並不缺錢花的巴菲特，照樣天天來，就為了幹一天掙大約三美元。

　　那時的巴菲特又瘦又小，結果那些客人都不好意思讓他背球包，寧願自己背包，照樣給他小費。這樣一來，巴菲特的球僮工作就更好做了。

就在當球僮時，巴菲特注意到，經常有人用力過度，或者方向失誤，就把球打飛到球場外面了。球飛得太遠，沒法撿，也沒人撿。此時，具有極強經商意識的巴菲特，腦子一轉，想出了一條發財之路。

說做就做。巴菲特立刻動員了半條街上的小孩子，去撿別人打飛的高爾夫球。人多力量大。過不了多久，巴菲特的臥室裡就堆滿了好幾筐高爾夫球。

對於普通人來說，可能把球撿回來就算完事，而巴菲特並沒有這樣做。他做事非常仔細，按照不同的品牌和不同的價格，把這些球放得整整齊齊。

這時一些小夥伴勸巴菲特說：「我們把球賣給巷子口的那家體育用品店吧！」

還有人建議說：「不如直接賣給高爾夫球俱樂部吧！咱們這球雖然不是新的，但和新的也沒啥區別嘛！」

然而，巴菲特一一否決了他們的提議，因為他另有打算。巴菲特向大家提出了他的主意：「這些球當然要賣，但不是賣給體育用品店，也不是賣給俱樂部，而是直接賣給那些打球的人。」

說完主意後，巴菲特給每個小孩一包十二個高爾夫球，讓他們去到球場賣。因為這些球和新的沒有太大區別，但是價格比新球便宜多了，所以非常好賣。

那些小孩賣完一包，就趕緊回來找巴菲特，但得先給巴菲特交提成，才能再拿一包球去賣。很明顯，在這個交易中，巴菲特是小老闆，這些小孩是跑腿的銷售員。

後來，巴菲特又想了一招，他要把高爾夫球生意做得更大，他在高爾夫球場旁邊建了一個簡易棚子，掛上招牌：高爾夫租球店。

很明顯，這一次巴菲特不賣球了，改成了租賃。對於打球的人來說，租球更便宜，租球的人比打球的人更多了，巴菲特的生意也就更好了。

　　這樣就造成了一種情況：要是哪位先生把球打飛了，也就相對於向巴菲特交一次罰款。而巴菲特則讓小夥伴們把球再撿回來，還給那些交過「罰單」的人。

　　當然，也許是巴菲特的生意實在太火了，火得那些大人開的專業租售店也眼紅。

　　有一天，一個附近的體育用品店老闆就向警察舉報了巴菲特。警察來到後，就毫不客氣地把巴菲特和那群專門撿球的小孩子們趕走了。

　　沒辦法，那時的巴菲特屬於無證營業，只好撤了。

　　這一次，二十歲的巴菲特再做高爾夫球生意，規模比以前大多了。這次是做一項嚴肅體面的事業，成立了「巴菲特高爾夫球公司」，並任命奧蘭斯為他在費城的代理人。

　　至一九五〇年一月時，巴菲特想請他的朋友奧蘭斯著手開始做生意：我認為回到那兒的男孩還不太常打高爾夫球，因此我保證三月一日，你可以開始銷售你認準的那種高爾夫球。不要猶豫，該下訂單了。

　　當巴菲特的代理人奧蘭斯對那些二手高爾夫球的品質提出質疑時，巴菲特許諾對任何殘次品負責賠償損失，而且向奧蘭斯保證他的高爾夫球品質絕對可靠。但是，他附加了一句：「不要把它們放進任何太熱的地方。」

　　奧蘭斯的工作是卓有成效的，到三、四月份，巴菲特就給奧蘭斯發了一批貨，並以輕鬆卻是中肯的口氣提醒他的好友：「巴菲特高爾夫球公司並不是一個慈善企業。

　　「我想這時候你一定沉浸於出售這些漂亮玩意所獲得的大筆利潤帶來的享受之中。這些東西我都錯誤地寄給了你父親的合夥人。但是，別忘了只有當你結清一張價值六十五點九四美元的支票後，我們才能共享費城的興盛。」

　　至七月為止，他們賣了兩百二十打高爾夫球，從中賺了一千兩百美元。把所有的業績加起來，巴菲特的積蓄已經達到九千八百美元。

▌積極面對挫折

一九五〇年，巴菲特大學畢業了，並順利地拿到了大學學位。爸爸霍華德非常高興，在家裡給他舉行了一場規模不是很大的慶功會。

當天晚上，霍華德問巴菲特：「華倫，你下一步打算幹什麼呀？打算到我的股票交易所來嗎？」

巴菲特搖搖頭拒絕了，霍華德有些失望，但仍提出了第二個選擇：「要不你去傑·西·賓尼的公司？他很欣賞你，願意給你一個好職位。這可是多少年輕人夢寐以求的機會。」

「我不喜歡他的工作方法。」巴菲特拒絕得仍然很乾脆。

「那你想幹什麼呢？難道現在就想獨立幹嘛？」霍華德有些搞不懂巴菲特的心思。

巴菲特提出了一個讓爸爸感到吃驚的要求，他說：「爸爸，我要繼續讀書。」

霍華德驚訝地望著巴菲特說：「什麼？繼續讀書？」霍華德真是大吃一驚，「你不是一直盼望著早些畢業嗎？還總是抱怨學校沒什麼可教給你的，現在怎麼卻又喜歡上讀書了呢？」

「您看，這是我的帳本。」巴菲特掏出一個小本子，上面用整齊的筆跡密密麻麻、仔仔細細地記下了他每一分錢的收入，「城市設施股票、送報、賣高爾夫球、租柏青哥……從小到大，我一共攢了九千八百美元，每分錢都來之不易。」

他凝視著父親，繼續說：「我還能這樣幹下去，攢下去，但攢錢並不是我的目的，它只是一個準備的過程，我並不喜歡這種一點一滴積攢的方法和理念。您知道，這麼多年來，我一直在尋找一種符合自己的理論框架的實踐方法，靠個人去一點點摸索是非常困難的，我需要名師的指點和幫助。」

巴菲特認真地接著說：「我的目標是賺大錢，以前上學時經商雖然掙了一些錢，但我感到要想掙到更多的錢，必須要有一定的知識才行。」

看到巴菲特如此上進，思路如此清晰，在股票領域摸爬滾打了多年的霍華德非常高興。他興奮地說：「對，華倫，要想掙大錢必須要有很深厚的理論知識才行，靠送報和賣球那種生意是很難發財的。」

停頓了一下，霍華德又問巴菲特：「華倫，你打算申請哪個學校的研究生呢？你要知道，擇校也是很重要的啊！」

「我已經申請了哈佛商學院。我認為憑我的能力，哈佛一定會錄取我的。」巴菲特信心十足地回答道。

哈佛是美國乃至全世界最好的大學之一，哈佛大學每年收到近三萬份入學申請，而錄取率僅為百分之七。很明顯，巴菲特要想進入這個學校的商學院，是有一定難度的。

一九五〇年七月，巴菲特坐上了開往芝加哥的火車。按照哈佛大學的慣例，新生的入學面試大都是由一位校友進行初步遴選的。

面試者將這個瘦瘦的不修邊幅的男孩上上下下打量了足有一分鐘，實在不肯相信他能符合哈佛人士的風采。他簡單地問了巴菲特幾個基本問題，漫不經心地在紙上記了些什麼，最後才隨便地問：「你今年多大了，孩子？」

「十九歲，先生。」巴菲特覺得憋了一肚子的火無處可以發洩。

「啊，真是年輕啊！事實上，太年輕了。現在讀研究生院也許太早了，你能不能再等上一兩年呢？」面試者找出了一個很好的藉口。

「可我的智力與成績都表明我有能力、也有資格讀研究生院！」巴菲特還想申辯一下。

「好，好，我們會考慮你的申請的，你回去等我們的通知吧！」面試者看上去很寬容和藹地將巴菲特送了出去。

後來，哈佛這位校友對巴菲特的評價是：「十九歲，由於身材消瘦，看起來像只有十六歲的樣子，相當於一個十二歲少年的體重。」

會面大約持續了十分鐘，然後那位校友拒絕的話把巴菲特打入失望的深淵。在美國沒有什麼比收到大學拒絕信更讓十多歲的年輕人感到恐懼了。由

於每年秋季美國大學新生班都有兩百多萬名學生，數十萬申請者將很快會收到這種令人沮喪的信件。

這些被拒絕的年輕人有些是後來的成功人士，包括諾貝爾獎獲得者，億萬富翁慈善家，大學校長，研究機構的學者，暢銷書作家及商業、媒體和藝術界的領袖在內的許多人，均曾收到大學或研究生院的拒絕信。

很快，一向自命不凡的巴菲特也收到了來自哈佛大學的拒絕信。這對巴菲特來說，無疑是一個非常大的打擊。

信裡面用客氣的套話，遺憾地通知巴菲特他沒被錄取。巴菲特一遍遍地讀那封簡訊，臉漲得通紅。家裡人都故作不知地各忙各的，東拉西扯找話題，希望能減輕他的尷尬。

霍華德等巴菲特的情緒平靜一些後，才小心地提出建議：「華倫，也許我能透過朋友，幫你聯繫一下。」

「爸爸，不要再說了。」巴菲特打斷了父親的話，目光炯炯地說：「我還受得住這點打擊，一所不成我還可以申請第二所！」

巴菲特在給他的朋友杰爾·奧瑞斯的信中寫道：

哈佛那些傢伙太自命不凡了，他們認為，我只有十九歲，太年輕了，不能被錄取，並建議我再等一兩年。所以說我現在面臨著一個嚴酷的事實，因為我已經在此吃住有四個星期了。

我父親希望我能到某個研究生院繼續學習。但是，我卻很不喜歡這個主意。

被哈佛大學拒絕，確實給巴菲特帶來了很大的痛苦，但後來的事實證明，這對他來講也未嘗不是一件好事，因為他很快就意識到，教授商業課的權威教授在哥倫比亞大學。

於是，巴菲特又向哥倫比亞商學院提出了入學申請。兩個星期之後，巴菲特再次寫信來說：「說實在話，當我收到哈佛大學的來信時，我有點被打垮了。此後不久，我又等待著哥倫比亞大學的空白申請書。他們大學有個非

常好的經濟系。至少他們有幾個教授普通股票估價課程的大人物，像葛拉漢和多德。」

班傑明·葛拉漢對於巴菲特的一生都造成了重要的作用，巴菲特十分崇拜葛拉漢。一八九四年，葛拉漢出生於倫敦的猶太裔家庭，他繼承了猶太人的精明和天生的商人的敏銳。

在巴菲特與伍德同住時，巴菲特剛讀過葛拉漢的一本新書《聰明的投資者》。伍德發現巴菲特房間的燈亮了一宿，早晨進去時看到他正無比珍愛地撫摸著手中的一本書，好奇地問：「這麼引人入勝嗎？什麼書？誰寫的？」

「葛拉漢教授，一個了不起的人物！」巴菲特兩眼中充滿了崇拜之情，「我還從來沒見過這麼實用、有效的理論呢！」

「哈哈，看來你終於找到你的上帝了！」伍德打趣地說，他也從未見過巴菲特這樣崇拜一個人。

往事猶在目，聲音猶在耳，巴菲特已經把最後的希望押在了哥倫比亞研究生院。

很快，巴菲特就收到了哥倫比亞大學接收他入學的通知。從此，他師從葛拉漢教授，學到了許多扎實的股票知識，為他成為一代股神奠定了理論基礎。

充分積蓄能量

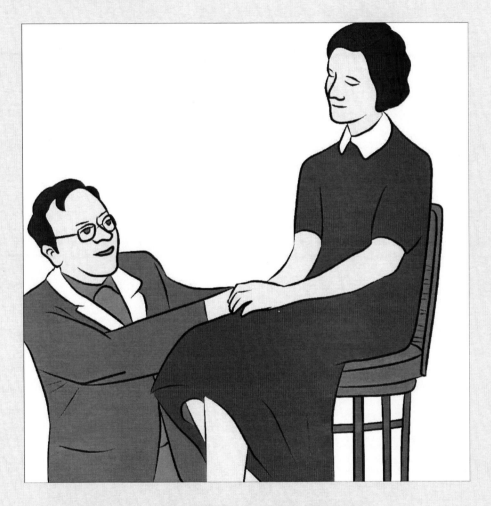

做任何事情都要有底蘊，而底蘊是指扎實的理論基礎。

——巴菲特

▌得到名師教誨

雖然被哈佛拒絕了，但能夠進入哥倫比亞大學，巴菲特顯得更興奮，因為他知道哥倫比亞有他嚮往已久的老師。

其中最有名的就是葛拉漢，他是著名的股票專家，被業內人士譽為「投資價值理論之父」。

葛拉漢是猶太人的後裔，他的家庭是十八世紀末到美國的移民。最初，葛拉漢在華爾街從最底層的工作起步，那個年代沒什麼證券分析家，只有統計員，經過多年的打拚，終於成為了一個著名的投資學理論家。

葛拉漢的《有價證券分析》就是在這種背景下產生的，它其實是對一九二九年資本主義大蕭條深刻反思的產物，憑藉此書葛拉漢在有價證券這一行創立了一整套卓有成效的理論，成為了華爾街的《聖經》。

在入學前，對股票非常著迷的巴菲特就曾經閱讀過葛拉漢的著作，那就是葛拉漢的代表作品《聰明的投資者》。這本書的目的是以適當的形式給外行提供投資策略的指導。

書中的理論不鼓勵投資者短期的投機行為，而更注重企業內在價值的發現，並強調「對於理性投資，精神態度比技巧更重要」。

這本書正好於一九四九年出版，被譽為是投資界的金科玉律，有史以來最偉大的投資著作！是每一位華爾街人士的聖經！

一九五〇年，十九歲的巴菲特進入哥倫比亞大學商學院，拜師於他嚮往已久的投資學理論學家班傑明·葛拉漢，開始系統地學起了投資理論。

巴菲特是那種認準了目標，就全力以赴的人。自從他能夠在葛拉漢的指導下學習後，他就一心一意地想著能從才華橫溢的老師那裡學到東西。

一九五〇年學期班上，葛拉漢有二十個研究生，多數人年齡較大，有些人還在華爾街股市工作過，巴菲特在其中顯得年輕幼稚，毫不起眼。

當時，巴菲特是葛拉漢眾多學生中年齡最小的一個，當然也可能是知識最豐富的一個。

在日常的聽課中，巴菲特聽課非常認真，也非常積極。當葛拉漢發問的時候，巴菲特必然是第一個舉手，並立刻開始發言。

不要以為做大師的學生是件容易並榮耀的事，幾乎所有的大師都有著各自的怪癖或者說特點，葛拉漢也不例外，他最大的特點可能就是對於門下弟子們的刻意刁難，尤其是那些勇於提問的學生。

當然，這應該算是他的教學特色，往往他在拆招解答的過程中向學生們傳授自己的修道心得，很顯然並非所有人都適應大師的這一習慣。要想向大師提問務必要打起十二分的精神，做好一切被反問甚至被刁難的準備。

第一堂課，葛拉漢就創造了一種很戲劇性的氛圍。他拿出 A、B 兩張對比鮮明的資產負債表，淡淡地說：「大家先做一下分析。」

學生們知道老師在測試自己，不敢怠慢，很快得出了合乎邏輯的分析結果，肯定了業績出色的 A 表，否定了 B 表。

「分析得很好。不過，」葛拉漢摘掉蓋在表頭上的字條，「這兩張都是波音公司的資產負債表，只不過分別是在飛機製造史上的高潮和低谷的不同時刻罷了。」

他掃視了一下滿面通紅的眾弟子們，微微一笑：「股市也常常是這樣變幻莫測的，而股票投機主要就是 A 試圖判斷 B、C、D 會怎麼想，而 B、C、D 反過來也作同樣的判斷。」

他拿出使自己成名的《有價證券分析》一書接著說：「我主張投資者們的注意力不要只放在股票交易所的行情機上，而要放在出售股票的企業身上。透過分析盈利情況、資產情況、未來前景等諸多因素，投資者可以對公司獨立於其市場價格之外的『內在價值』形成一個清楚的概念。」

「那麼，教授，投資的祕訣就是在市場價格遠遠低於內在價值時投資了？」學生中一個瘦瘦的年輕小夥子突然發問道。

「正確。而且要相信市場趨勢會回升。」葛拉漢讚賞地看了一眼這個學生，補充道。

　　「一個人並不需要精確地衡量出股票價值，股票經紀人所需要的能力應該是什麼呢？」葛拉漢拋出了一個問題。

　　別的學生剛剛皺起眉頭考慮，曾經發問的小夥子已經眉開眼笑地做出了答案：「他所需要的是有能力挑選出那些偶爾出現的，運作價格遠遠低於其內在價值的公司。」

　　「回答得很好。」葛拉漢點點頭，「順便問一下，你叫什麼名字？」

　　「華倫·巴菲特。」

　　這第一堂課給兩個人都留下了深刻印象。葛拉漢記住了這個脫穎而出的小夥子，發現了一個反應無比快捷、靈敏的愛徒；而巴菲特更是認定自己終於找到了一位名師、一位偶像。

　　巴菲特的一個名叫傑克·亞歷山大的同學後來曾經說，巴菲特和葛拉漢的互動，使班上的其他人都變成了「二重奏」的聽眾。從亞歷山大的這句評語中，人們不難看到年輕貪玩的巴菲特學習起來，也是非常瘋狂的。

　　傑克·亞歷山大還曾說道：「華倫是個非常專心致志的人，他可以專注得像一隻聚光燈，幾乎是一天二十四小時，一週七天，我都不知道他什麼時候睡覺。」

　　確實如亞歷山大所言，敬仰於葛拉漢的巴菲特，對葛拉漢課堂講的所有知識，都非常認真地進行消化。他給自己定的要求是能夠引述葛拉漢的投資案例，也能提出自己的投資案例。

　　為了實現自己定的目標，巴菲特經常去哥倫比亞大學的圖書館看以前的老報紙，一讀就是連續好幾個小時。有時，巴菲特還會利用各種機會，和葛拉漢對一些複雜的投資理論進行深入的探討。

　　在一九五〇年代，如果誰能成為葛拉漢的學生，誰就能置身於一種特殊的地位。葛拉漢的講座談的都是真實的股票，他的知識運用絕不僅僅侷限在理論上，學生可以運用他的觀點直接獲取豐厚的利潤。

巴菲特很快就和一幫堅決擁護葛拉漢的人物走到了一起，他們都對老師熱情崇拜，將老師那「用零點五美元來買價值一美元證券」的策略奉為天條。華倫·巴菲特是其中的核心人物，他機智聰明，討人喜歡，而且最得老師理論的精髓。他們經常聚在一處，熱烈地討論股票。

「我在三十四美元的價位買進了揚斯敦希替公司的股票，然後在七十五美元至八十美元之間賣出。今天早上，教授說通用和簡易洗衣機公司的股票便宜，我便又買進了不少，估計還能賺他一筆。」這是馬歇爾·溫伯格在宣揚他聽老師課後獲取的利潤。

「是呀，光學這門課就足以支付我們取得學位的費用了。」另一個學生開玩笑地附和說。

「老師如果提出什麼股票，你根本不用去交易所查證，只要問問華倫就可以了，這傢伙幾乎知道紐約股票交易所的任何一份資產負債表。」

「我怎麼能和老師相比呢？」巴菲特則表現得極其謙遜，「是老師教會我閱讀財務報表的每個細節，如何去發現其中的舞弊行為；教會我怎樣從一家公司的公開訊息中客觀評判它的證券價值；教給我用各種手段去探索市場中形形色色的可能性！」他很少用這樣充滿感情色彩的句子來表達自己的情感。

巴菲特是如此渴望能步葛拉漢的後塵，以至於他在葛拉漢—紐曼公司、葛拉漢投資公司持有的股票上都進行了投資。他還在《名人辭典》上查到了他的教授，發現葛拉漢是政府保險公司 GEICO 的主席。

GEICO 的總部設在華盛頓，剛好巴菲特的父親在一九五〇年又重新當選為國會議員。於是，一九五一年夏天，當巴菲特在哥倫比亞讀第二學期時，他回到了華盛頓，決定去拜訪一次 GEICO，任何關於葛拉漢在 GEICO 當主席的事他都想知道。

學習之餘，巴菲特還去收集訊息資料，剔除其他人的思維方式所形成的偏見。他花很多時間閱讀穆迪和標準普爾的手冊，尋找和分析各種股票訊息。

巴菲特
充分積蓄能量

　　不過，聽葛拉漢每週的研究班課是巴菲特最期盼的事，超過他所做的其他一切事情。每一次在研究班課前，他都會做好充分的準備。在課上，他又會認真聽講，踴躍發言。

　　透過學習，巴菲特從老師那裡，學到了很多關於投資的理論和一些原則：

　　一是做一名真正的投資者。葛拉漢認為，雖然投機行為在證券市場上有它一定的定位，但由於投機者僅僅為了尋求利潤而不注重對股票內在價值的分析，往往容易受到市場的左右，陷入盲目投資的誤區，股市一旦發生大的波動，常常使他們陷於血本無歸的境地。

　　而謹慎的投資者只在充分研究的基礎上作出投資決策，所冒風險要少得多，而且可以獲得穩定的收益。

　　二是注意規避風險。一般人認為在股市中利潤與風險始終是成正比的，而在葛拉漢看來，這是一種誤解。

　　葛拉漢認為，透過最大限度地降低風險而獲得利潤，甚至是無風險而獲利，這在實質上是高利潤，在低風險的策略下獲取高利潤也並非沒有可能；高風險與高利潤並沒有直接的聯繫，往往是投資者冒了很大的風險，而收穫的卻只是風險本身，即慘遭虧損，甚至血本無歸。

　　投資者不能靠莽撞投資，而應學會理智投資，時刻注意對投資風險的規避。

　　三是以懷疑的態度去瞭解企業。一家公司的股價在其未來業績的帶動下不斷向上攀升，投資者切忌盲目追漲，而應以懷疑的態度去瞭解這家公司的真實狀況。

　　因為即使是採取最嚴格的會計準則，近期內的盈餘也可能是會計師所偽造的。而且公司採用不同的會計政策對公司核算出來的業績也會造成很大差異。

　　投資者應注意仔細分析這些新產生的業績增長是真正意義上的增長，還是由於所採用的會計政策帶來的，特別是對會計報告的附加內容更要多加留意。

　　任何不正確的預期都會歪曲企業的面貌，投資者必須盡可能準確地做出評估，並且密切注意其後續發展。

　　四是當懷疑產生時，想想品質方面的問題。如果一家公司營運不錯，負債率低，資本收益率高，而且股利已連續發放了一些年，那麼，這家公司應該是投資者理想的投資對象。

　　只要投資者以合理的價格購買該類公司股票，投資者就不會犯錯。葛拉漢同時提請投資者，不要因所持有的股票暫時表現不佳就急於拋棄它，而應對其保持足夠的耐心，以及足夠的理性與冷靜，最終將會獲得豐厚的回報。

　　此外，巴菲特還從葛拉漢那裡學到，規劃良好的投資組合、關注公司的股利政策等正確投資的重要性，對股市風險的評估以及從專業角度的預期。有了這些扎實的理論基礎，巴菲特對股票的認識上升到了一個新的階段。

　　據哥倫比亞大學商學院教務長博頓回憶說：

　　巴菲特的數學超乎常人，而對於經濟價值的瞭解能力堪稱他的天賦。

　　作為授業恩師葛拉漢對他的天分和才能深表滿意，可以說在這位大師級人物的眼中，巴菲特是他最得意的門生。

▌畢業後的選擇

　　一九五一年，二十一歲的巴菲特從哥倫比亞大學研究生院畢業了。因為他的勤奮努力和出色表現，學成畢業的時候，巴菲特獲得了最高成績 A。

　　據說，巴菲特的這個成績，是葛拉漢執教二十二年來，唯一一次給出的 A。從這一破例的高分中，人們不難看出，巴菲特獲得了這位投資理論之父的認同。

畢業之後去哪裡發展，又成為了一個擺在巴菲特面前的難題。其實，早在畢業臨近之時，研究院裡的其他同學就都忙著找尋自己的工作了。

當時的美國，正處在艾森豪威爾領導的戰後及大蕭條後期，安穩的工作無疑是非常重要的。而一向充滿自信、喜歡挑戰的巴菲特，並沒有把安穩當作擇業的重要因素，他相信自己一定能夠賺到大錢，所以他一定要爭取找到一個有挑戰性的工作。

此時，對老師葛拉漢一直還充滿敬仰的巴菲特，決定選擇進入葛拉漢的葛拉漢—紐曼公司。

葛拉漢—紐曼公司由班傑明·葛拉漢和杰羅姆·紐曼，在一九二六年合夥投資組建，新的投資公司名稱為兩人名字的組合。

在公司的營運中，葛拉漢負責最核心的分析和投資策略，紐曼負責處理與投資有關的各種具體事務。新公司從一開始就表現得極為強勁，因為葛拉漢既有基本理性分析的沉穩性，又有股市獵手超常的洞察力和嗅覺，他的操作使新基金成績斐然。

葛拉漢—紐曼公司在葛拉漢正確的投資策略下，其投資報酬率每年都維持在百分之三十以上，遠遠高於同期道瓊工業指數的上漲速度。但葛拉漢的驕人業績既非來自惡意的炒作，又非來自幕後的操縱，而完全是靠他的知識和智慧。他已將證券投資從原始交易，提升到一個依靠理性和技術分析確定投資方向並進而獲利的新層面上。

葛拉漢選擇在自己的母校哥倫比亞大學開設「高級證券分析」講座。葛拉漢的證券分析講座使許多人受益良多，他在投資理論方面的真知灼見獲得熱烈的反響，他的影響也從此開始走出華爾街，向社會上擴散。

葛拉漢在開設講座期間，其證券業務更加紅火，葛拉漢—紐曼基金以及由他掌控的私人投資更是財源滾滾。這些都使葛拉漢躊躇滿志，準備大幹一場。

在一九二九年的資本主義世界經濟大危機中，葛拉漢憑著對客戶的忠誠、堅韌的勇氣和對操作方法的不斷修正，至一九三二年年底終於開始起死回生。

在以後的每筆投資中，葛拉漢總是盡可能追求最高的投資報酬率，同時保持最大的安全邊際。正是因為葛拉漢—紐曼公司有葛拉漢這位老師兼理論大師的掌旗，所以巴菲特非常希望能夠進入這家公司。

一天，巴菲特終於走進了葛拉漢的辦公室，提出了進入葛拉漢—紐曼公司的要求。

然而，令巴菲特失望的是葛拉漢拒絕了巴菲特的要求。

生性執著的巴菲特是不會輕易認輸的，接著他又進一步提出了一個要求：「先生，我願意無償地為葛拉漢—紐曼公司打工，這樣總可以吧？」

「這樣也不可以。」葛拉漢搖著頭說道。

巴菲特失望了，心裡暗想：自己難道不是老師最好的學生嗎？老師難道看不起我嗎？

看到沮喪失望的巴菲特，葛拉漢無奈地說：「近來的金融界行情不太好，我們猶太人又遭受到了排擠。作為一個猶太人，我要盡力為我們的猶太同胞多提供一些就業機會。」

看了看巴菲特，葛拉漢又補充道：「華倫，你是一位非常優秀的人，如果讓你無償服務，這是非常不公平的。當然，你也完全沒有必要選擇無償服務，外面的機會是很多的。如果你願意，也許我可以推薦你到我華爾街朋友的公司裡工作。」

「我不想為我不認識的人工作。我寧可回奧馬哈，去我父親的巴菲特—福爾克公司交易部，畢竟那是個我熟悉的環境。」巴菲特表現得很倔強。

「哦，是去巴菲特父子公司工作嗎？」老葛拉漢打趣地問。

「不，」巴菲特俏皮地說，「是巴菲特及父親公司。」

看到老師心意已決，巴菲特也只好放棄了。但當知道老師並不是因為嫌他能力差而拒絕他時，巴菲特的心裡又有了一絲安慰。

步入婚姻殿堂

一九五一年，巴菲特從哥倫比亞大學畢業。遭到葛拉漢的拒絕後，巴菲特決定回到老家奧馬哈。從五歲起就學著自己做生意，十三歲就派送五百份報紙，每月賺取一百美元的巴菲特決定投身他最熱愛的股市。

毫無疑問這是他人生中最關鍵的時候，在這一階段，他選定了一生的事業，也選擇了一生的愛人。

其實，巴菲特選擇回到奧馬哈還有一個原因，那就是有些害羞的巴菲特戀愛了，他要來這裡找一位姑娘，她的名字叫蘇珊·湯普森。是一名大學生。

那是一九五一年的夏天，巴菲特去西北大學看望在那裡唸書的妹妹羅貝塔，並陪她參加了一次學校的盛大舞會。樂聲悠揚，裙舞鬢香，羅貝塔一個勁兒地鼓動巴菲特去邀請女孩子跳舞，他卻只是靜靜地微笑，一個人呆坐在角落裡。

突然，一個女孩子走了進來，圓圓的下巴，黑黑的頭髮捲曲著垂在頸旁，那張明媚的笑臉照亮了周圍的一切。她優雅自如地在人群中穿行，爽朗地大笑，活潑地和人輕語，看上去似乎認識所有人，而所有人看上去也似乎都認識她、喜歡她。

在看到她的一瞬間，巴菲特只覺得心中有一根最溫柔的弦被「砰」的一聲撥動了。他抓住妹妹，急切地問：「她是誰，羅貝塔？」

「誰？」羅貝塔順著哥哥痴迷的眼神望去，忍不住笑起來，「哈哈，一向不動心的華倫要墜入情網了。」

「告訴我，好妹妹。」巴菲特懇求道。

「蘇珊·湯普森。她是咱們的奧馬哈老鄉，爸爸是當地的部長和心理學教授，曾經在選舉中幫過爸爸的大忙。而且，她是我現在的寢室室友。」羅貝塔將知道的悉數倒出。

「蘇珊。」巴菲特喃喃地唸著這個名字，難為情地向妹妹看了一眼。

「好了，不用說了，我來為你介紹。」羅貝塔明白哥哥的心思，轉身向朋友招招手：「蘇珊！」

蘇珊回眸一笑，像蝴蝶一樣飛舞過來。

「這是我哥哥，華倫·巴菲特，他不認識別人，你幫我陪陪他好嗎？」羅貝塔向哥哥鼓勵地點點頭，單獨留下了兩個人。

「你看上去真健康活潑啊！」巴菲特鼓足勇氣開了腔。

「其實我小時候是體弱多病的。」蘇珊心無城府地笑著說，「我那時經常受耳痛的折磨，有段日子還得了風濕熱，在家裡待了很多時間。幸虧我的父母一直很關心、呵護我，讓我在一種絕對愛的包容裡生活，我才健康成長起來。」

「是呀，你很受大家歡迎。我就不行，我不是很擅長社交。」巴菲特越發感到蘇珊的可愛。

「我對接觸其他人一直有很濃厚的興趣。我見不得別人受苦或是有煩惱，總希望能為幫助他們盡一份力量，讓他們也像我當年一樣感受到愛的溫暖。」蘇珊很真誠地說。

「啊，我要去跳舞了，失陪了。」蘇珊牽住一個前來邀舞的男孩子，輕盈地轉進了舞池，只留下巴菲特失神地凝視著這個外表和內心一樣美麗動人的姑娘。

初次見面，蘇珊並沒對巴菲特留下什麼深刻印象，巴菲特卻已將她深深地烙在了自己心底。年輕時代的蘇珊有著明媚的笑臉、圓圓的下巴和黑黑的頭髮，巴菲特第一眼就愛上了她。

最初，巴菲特處於一種單戀的狀態，而他和蘇珊兩家的交往，並沒有為巴菲特的愛情帶來多少好運。相反巴菲特擅長並熱衷的數字遊戲，對蘇珊來說既無趣又荒誕。

那時候，巴菲特經常對蘇珊說的一句話是：「有一天，我會變得非常富有。」巴菲特沒有說謊，若干年後，他真的成了全世界著名富豪。不過那時，這句話對處在熱戀中的蘇珊來說並沒有多大的說服力，吸引力更等於零。

因此，每次巴菲特熱情洋溢地從前門走進，渴望見到他熱愛的姑娘時，蘇珊總是偷偷地從後門溜走，去見她心中的白馬王子，一個聯合太平洋公司郵件搬運員的兒子密爾頓·布朗。據說早在高中時代，兩人就已經開始了戀情。

密爾頓·布朗在高中和在西北大學唸書時就開始和蘇珊約會。蘇珊的父母反對她和猶太人約會，而且從不邀請布朗來家裡拜訪，使得布朗不知所措。

另一方面，身無分文的布朗在蘇珊的女生聯誼會裡也是不受歡迎的。形勢的發展無疑對巴菲特是有利的。其實，巴菲特和蘇珊兩家的淵源很深，蘇珊的爸爸湯普森是奧馬哈市著名的部長和心理學教授，和巴菲特的爸爸是多年的舊交。

更為巧合的是，蘇珊在西北大學讀書的時候，正巧和巴菲特的妹妹羅貝塔住同一間宿舍，而且倆人很要好。這無疑給巴菲特提供了很好的機會，善於捕捉商機的巴菲特，雖然靦腆，但在把握愛情機遇方面也是絲毫不遜色的。

由於蘇珊對巴菲特不理不睬，執著的巴菲特只好「曲線救國」，在蘇珊的爸爸湯普森身上下功夫。

一天晚飯後，巴菲特又敲響了蘇珊的家門。

「是華倫呀，蘇珊不在。」來開門的湯普森先生率直地說。「我不是找她，我是來找您的。」巴菲特說。

「找我？我能幫你什麼忙嗎？」湯普森吃了一驚，仍不明白女兒的追求者想幹什麼。

「是這樣，湯普森先生，」華倫有些羞澀地從身後拿出一把琴，「我從小就喜歡彈烏克麗麗琴，不過這琴要和別的樂器合奏才有味道。我聽父親說您從年輕時就彈得一手好吉他，不知您願不願意和我合奏一曲？」

「太好了，年輕人！」蘇珊的父親大有遇到知音的快樂，「快請進吧！」

湯普森家大門從此為巴菲特敞開，他每晚都來與湯普森先生合奏。蘇珊不在，他也不失望；蘇珊若在，他就坐在小凳子上，含情脈脈地唱上一首歌。

他的歌喉非常迷人。

合奏間歇，一老一少便暢談一番，湯普森先生很喜歡巴菲特的為人和才氣。隨著巴菲特天天的到來，蘇珊的爸爸湯普森對這個長相平平、但出奇精明的年輕人非常欣賞。因此，湯普森很快地站在了支持巴菲特的一邊。

從小體弱的蘇珊對爸爸極其尊重，再加上密爾頓·布朗是個猶太人，那時候美國人對猶太人有些排斥。最終，她還是和布朗分手了。

有一天，湯普森終於忍不住了，停住吉他，笑著說：「小夥子，你不能每天都和我這樣耗在一起啊！明晚你來邀請蘇珊吧，她肯定會答應你。」

這位和女兒一樣頭髮黝黑的部長轉過頭對女兒說：「巴菲特是個好男孩，我不會看錯，你應該給他機會，和他一起出去走走。相信自己，不要錯失機會。」

蘇珊終於開始和巴菲特約會了，時間一長，巴菲特的幽默風趣便充分展示出來，兩個人彼此瘋狂地愛上了對方，泛泛的男女交往發展成了一段浪漫的戀情。

據蘇珊的姑媽回憶說：「他們彼此瘋狂地迷戀著，他們互相坐在對方的大腿上接吻，這真是太可怕了。」

一個靜謐美好的秋夜，巴菲特輕吻了心愛的姑娘，凝視著蘇珊迷人的眼睛，巴菲特深情地說：「你知道嗎，蘇珊，我其實一直很孤獨，遇到你才有了改變。」

「我知道。」蘇珊輕聲地回答。

「你知道嗎，蘇珊，我會非常地愛你，不讓你受一點兒委屈。」巴菲特的聲音有些顫抖。

「我知道。華倫，你到底想說什麼？」蘇珊的嘴漾起一絲笑意。

「我想說，蘇珊，嫁給我做我的妻子吧！」巴菲特終於說出了心裡話，他屏住呼吸等待著心上人的回答。

「好。」蘇珊輕輕吐出的一個字，立刻將期待已久的巴菲特帶到了天堂，認定自己是世上最幸福的人。

一九五二年的第三個週六，在透明面紗的遮掩下，蘇珊身穿一襲綴有仙蒂尼蕾絲花邊的長裙，走過紅地毯，和華倫·巴菲特一起站在了神壇前，許下相守一生的誓言。

蘇珊年少多病，曾經多次耳膜穿孔，並長期忍受風濕病的困擾。蘇珊的父母對她顯示出寬厚的愛和包容，這讓蘇珊從小就感覺到，關懷他人是一件很自然的事。

蘇珊天生富有同情心，與人見面經常問候道：「你還好嗎？」從蘇珊的嘴裡說出的這句話往往意味著：你的靈魂還安寧嗎？你還好嗎？後來證明，蘇珊的這種愛人如己的性格深刻影響了巴菲特的情感和人生。

蜜月的第一個星期天，巴菲特發現在一家公司總部外面孤零零地停著一輛凱迪拉克名車。他突然剎住自己的舊福特車，大搖大擺地拉開凱迪拉克車門坐進去，裝出一副公司老總的形象。

「華倫，你幹什麼？」蘇珊吃了一驚，大聲地問。

「總有一天，我會變得非常富有，你要學著習慣這一點。」巴菲特孩子氣地做了一個鬼臉。

「哦，華倫！」蘇珊被他這副調皮相逗得縱聲大笑起來。她若有所思地搖搖頭，真不敢相信自己這麼快就嫁給了這個看上去還稚氣未脫的年輕人。但這的確是事實，兩個人都找到了一生的真愛。

結婚之初，兩人住在一套每月六十五美元租來的三居室公寓裡，房間很破舊，經常有老鼠出沒，這樣的生活和巴菲特承諾過的「富有」簡直是相差太遠了。

一天晚上，巴菲特聽到蘇珊突然發出一聲慘叫。他衝進臥室抱住妻子，緊張地問：「怎麼了，蘇珊？」

蘇珊哆哆嗦嗦地指著床下她的拖鞋，一隻小老鼠正在那裡快樂地嬉戲。

蘇珊很快就懷孕了。一天，巴菲特下班回家，發現妻子正哼著歌，試著在一個梳妝台的抽屜裡鋪小毯子。

「你這是幹什麼？」他好奇地問。

「為我們的小寶寶鋪張床啊！這樣不就省得買嬰兒床了嗎！」蘇珊很是得意。

巴菲特輕輕擁住妻子，心裡真是很內疚，從小過慣富裕生活的蘇珊居然學會了如此精打細算。

「沒什麼，華倫，我們以後會很富有的。」蘇珊輕聲安慰著丈夫。

「是的，一定！蘇珊，我會努力工作的。」巴菲特為妻子作出了堅定的承諾。

也有很多人奇怪，具有非凡經商意識的巴菲特當初為何會如此迷戀蘇珊呢？其實，這也是有原因的。

因為，在巴菲特看來，蘇珊具有深刻的理解力，並且有遠見，而這正是他最需要的東西。巴菲特的童年家境富有，父母篤信宗教，家庭充滿溫情。

然而，巴菲特的媽媽是一個典型的完美主義者，每當她完美的設想遭遇挫折，就會毫無徵兆地爆發。因此，巴菲特經常成為受害者，被毫無理由地痛罵。

童年的創傷在蘇珊那裡得到了撫慰，蘇珊愛心漫溢的心靈對巴菲特來說是療傷的聖藥。巴菲特曾經多次向人們說道，蘇珊就像一個出色的醫生，把自己心靈的荊棘一根根摘掉。

生活中的蘇珊確實是充滿溫柔、善解人意的。平日裡，她對待巴菲特像對待一個大孩子，而巴菲特對蘇珊也非常依賴，他讓她付帳，由她照顧孩子，除了生意，幾乎任何事他都交給蘇珊來打理。

有了蘇珊的照顧，巴菲特獲得了長久的幸福，這為他開拓自己宏偉的事業提供了重要的條件。

▌敢於堅持自我

巴菲特結婚了，但他有限的資金都被他投到自己的事業上去了，自己和蘇珊一起卻只能暫時過一種較為節儉的生活。這種生活使巴菲特感到非常內疚，他那種原本就很強烈的賺錢慾望變得更加強烈了。

此時，巴菲特把眼光盯向了一個簡稱 GEICO 的保險公司。

GEICO 於一九三六年在得克薩斯州的沃斯堡成立，創建者是五十歲的會計利奧·古德溫和他的妻子利安·古德溫以及他們的出資人。他們相信透過削減大部分銷售成本、降低認購風險可以使汽車保險賣得更便宜。

起初，利奧和利安一年三百六十五天每天工作十二小時，合起來卻只有每月兩百五十美元的工資。晚上，他們在飯桌上制訂投保人名單；週末，利奧開車到軍事基地給年輕政府職員送低價保單，因此避免了代理商和代理費用。

利安通常把保單郵給政府職員以降低風險，因為他們要求賠償的次數要比社會平均水平少。由於華盛頓特區的政府職員比任何地方都多，公司於一九三七年移到了這裡。在利奧夫婦的努力工作下，公司在早期獲得了長足的發展。

然而由於股權原因，GEICO 最終沒有改變被賣的命運。經過多輪協商，GEICO 最終花落葛拉漢─紐曼公司。

一九五一年，正在哥倫比亞大學讀書的巴菲特，發現自己崇拜的導師葛拉漢是 GEICO 的董事長。於是，他就開始下功夫研究起 GEICO 的情況。

巴菲特後來也曾回憶說：「我閱讀了許多保險公司的資料。我在圖書館待到最晚時間才離開。」

那年一月的某個星期六，巴菲特乘火車前往華盛頓到 GEICO 總部拜訪，巧遇正在加班的董事長助理戴維森，長談了四個小時。

巴菲特對 GEICO 可謂一見鍾情，他曾多次坦承：「從來沒有一隻股票像 GEICO 這樣讓我心潮澎湃。」

GEICO 最吸引巴菲特的是，公司重點拓展政府僱員和軍人等穩健保守、事故率很低的駕車人士，採用直接郵寄保單的直銷方式，相對於保險行業主要透過保險代理人銷售的傳統方式而言，具有巨大的成本優勢。

巴菲特還認為：「GEICO 能夠成功的最重要因素，在於該公司能夠將營運成本降到最低的水平，這使它與其他所有汽車保險公司相比鶴立雞群。」

儘管巴菲特對 GEICO 非常看好，但他對是否投資 GEICO 仍然心存疑慮。因為他找了幾個保險業專家諮詢過，他們都說 GEICO 的股價被高估了。

想到自己分析的結論是 GEICO 有利可圖，而那些資深的專家卻又反對對 GEICO 進行投資，究竟該信誰的呢？年輕的巴菲特一時間陷入了兩難的境地。

一天，巴菲特把自己的苦惱，向具有多年炒股經驗的爸爸霍華德做了傾訴。

霍華德看著愁眉緊鎖的巴菲特，疼愛地說：「華倫，我現在還不是十分瞭解 GEICO 的情況，但是我要告訴你的是：做任何事都不要迷信權威，要敢於相信自己。而相信自己的性格，比做成一筆成功的生意要重要得多。」

年輕的巴菲特對於知識永遠是謙卑的，他會放下姿態求教。從早期閱讀的一些股票投資書籍中，他積累了屬於自己的原始經驗，學會了許多要領，比如不要被別人牽著鼻子走，不要隨波逐流，不要告訴其他投資人你當時正在幹的事，諸此種種。

「相信自己」這個觀念在巴菲特腦海中劃過，巴菲特主意打定了：對，我應該克服對自己的懷疑，更不應該迷信於那些所謂的資深人士，我要保持我的獨立性。只有這樣，我才能成功！

一九六五年他在寫給巴菲特合夥企業成員的信中表示：

大人物、能言善道的人，或者大多數人同意我們的看法，並不會讓我們覺得更舒服。如果他們不同意，我們也不會因此覺得不舒服，民意調查不能取代我們的思考。

這就是此後一直跟隨巴菲特的一個招牌觀念，即無論別人同意不同意你的看法，都不能判定你的對錯。下定決心後，巴菲特先後四次總計投資一萬零兩百八十二美元大量買入 GEICO 股票。

由於巴菲特的堅持取得了成效，到當年年底巴菲特所擁有的 GEICO 股票市值就增長至一萬三千一百二十五美元。這個回報率在當時的情況下，無疑是非常高的。

透過這件事，年輕的巴菲特更加深刻地認識到敢於堅持自我的重要性。從此，他把「堅持自我」作為一個人生信條，一直認真地堅持了下去。

年輕的巴菲特總是對他的恩師葛拉漢充滿敬仰之情，並希望隨時能和這位理論大師合作。

在奧馬哈的那段歲月裡，巴菲特曾經嘗試過做多種事情。他甚至還在奧馬哈大學教授《投資學原理》這門課程。

當年輕的巴菲特把他從葛拉漢那裡學到的投資學知識，在學員們面前講授時，那實用的投資理論再加上巴菲特雄辯的口才，受到了學員們的一致贊同。

然而，學員們的贊同並不能使巴菲特獲得更大的滿足感，因為巴菲特的目標是掙大錢。而此時，巴菲特更希望能加入恩師葛拉漢的陣營，在恩師的提攜下前進。

　　為此，在奧馬哈期間，巴菲特一邊在做自己事情的時候，也不忘一邊為葛拉漢做一些研究項目。比如透過自己的研究，向恩師建議購買一些股票等。

　　巴菲特的才華終於得到了恩師的賞識。一天，巴菲特和恩師葛拉漢商談完自己的計劃後，葛拉漢終於向巴菲特發出了邀請。

　　葛拉漢試探性地問：「華倫，最近在奧馬哈做得怎麼樣？」

　　「不太好。」巴菲特情緒略顯低落地回答。

　　葛拉漢停頓了一下，謹慎地說：「嘿！華倫，振作一些，在我的諸多學生中，我認為你是最出色的。如果你還有興趣，你可以考慮到我的葛拉漢－紐曼公司來發展。」

　　「真的，太好了，我非常願意去！」巴菲特興奮地說。

　　晚上，巴菲特回到家裡，倚在廚房門口，看著心愛的妻子拖著笨重的身子在忙碌，蘇珊又懷孕了。她揚起眉毛等著若有所思的丈夫開口。

　　「蘇珊，我每天都像孩子看漫畫一樣研究著厚厚的穆迪手冊，尋找那些便宜而又無人問津的所謂『雪茄菸蒂』，發現自己是唯一懂得它們價值的人，卻苦於手中根本沒有資金買進。」

　　蘇珊停下手中的活，靜聽巴菲特的表白。

　　「我向顧客們推薦，他們卻認為我沒有經驗，往往要到自己的經紀人那裡檢驗一番才從我手裡買，我選錯了職業，我不適合於做經銷商，我應該成為葛拉漢那樣的人。」

　　「華倫，你有什麼事要說嗎？」蘇珊太瞭解自己的丈夫了。

　　「葛拉漢給我來了電話，種族障礙已經不存在了，他願意為我提供一份工作。可是你現在的情況……」巴菲特吞吞吐吐地說。

「你不是已經接受了嗎？」蘇珊轉身走向臥室，「我這就去收拾行李。」

就這樣，巴菲特帶著已經懷孕的蘇珊，匆匆踏上了飛往紐約的飛機，葛拉漢給出的工資是年薪一萬兩千美元。

一九五四年，巴菲特進入了恩師的葛拉漢─紐曼公司，葛拉漢─紐曼公司坐落在第四十二大街上，它在一個玻璃燈泡下設有一個股價行情螢幕，不停地發出「嘀嗒」聲。這家公司實際上是一項共同基金，它根據一些選擇的技巧來買進股票。

作為六名職員中的一個，巴菲特為每天都和其他人一起花許多時間，在標準普爾股票指南上尋找那些以低於其資本三分之一價格交易的股票，將它交給葛拉漢或其合夥人紐曼，以判斷決定是否該買進獲利。

和巴菲特後來的事業相比，葛拉漢─紐曼無疑屬於一家規模很小的公司，其營運資本只有六百萬美元。然而就是這樣一家小公司，卻為金融股市領域培養了幾位響噹噹的人物。除了巴菲特之外，葛拉漢─紐曼公司還曾僱用施洛斯與耐普，他們後來均成為有名的價值投資人。

葛拉漢─紐曼公司坐落在紐約第四十二大街的查尼大樓。入職後，他和施洛斯共用一間小屋。

此時的巴菲特是一個自以為是、趾高氣揚的年輕小夥子，他總是一個人忙得不得了，精力充沛。和以前一樣，他總是雄心勃勃地想賺大錢。更為重要的是，巴菲特對企業的運作有著高人一等的理解。

但巴菲特進入公司後，給人的印象就是充滿自信。他的一個同事後來回憶說：「他從最開始起就非常自信。我以為他的父親一定答應給他或是借給他一些資金。他說不是這樣的，他想從零開始開創業績。」

葛拉漢─紐曼公司是一項共同基金，它根據一些選擇的技巧來買進股票。在日常的營運中，公司的掌舵手葛拉漢比較熱衷於獵取那些以低於它們淨營運資本三分之一的價格交易的股票。也就是說，葛拉漢的一貫策略是緊盯那些便宜極了的股票。

具有非凡經營意識的巴菲特一進入公司，就顯示出了非凡的投資眼光。

有一次，一個費城的經紀商以十五美元一股的價格，提供給巴菲特一種叫做家庭保護公司的名不見經傳的保險股票。由於沒有關於它的公開資料，因此沒有辦法對它進行估價。

巴菲特明白投資的成敗，很大程度上在於對訊息的占有。為此，巴菲特找到了位於哈里斯堡的州保險辦公室，收集到了一些數據。透過對這些數據的分析，巴菲特認識到家庭保護公司股票絕對是便宜貨。

於是，在當時公司另一個股東紐曼反對的情況下，巴菲特和另一個朋友在自己的戶頭買進了一些。巴菲特的眼光很快得到了體現，一段時間以後，它以十五美元一股買進的股票，就上升至三百七十美元一股。

巴菲特在工作的第一年就一舉成功。一九五四年，一個位於布魯克林的巧克力股份公司羅克一伍德公司，向外界宣布用可可豆回贖部分股票。

此時，可可豆市價很高。因此，巴菲特推斷認為用股票換回可可豆的同時，再在商品市場出售可可豆，將可賺到巨大的利潤。

為了盡快獲得這筆巨額利潤，巴菲特和他的同事們立刻行動，用他們持有的股票，換回了可可豆，再到市場上去轉賣成現金。

這次成功的「套現」，使巴菲特和葛拉漢一紐曼公司大賺了一筆。正如巴菲特後來形容道：

許多周以來我一直忙著買股票、賣豆子，然後在施羅德信託公司作暫時停留，把股權證換成倉庫收據，利潤相當可觀，而我唯一的花費僅僅是乘地鐵的費用。

由於巴菲特的出色表現，公司的負責人葛拉漢無疑把巴菲特當作他門徒中的精華，對他非常器重。當然，葛拉漢更是一個很有頭腦的上司，他也知道如何籠絡和關懷具有非凡投資眼光的巴菲特。

來到葛拉漢一紐曼公司不久，巴菲特的兒子出世了。作為恩師兼上司的葛拉漢，送給巴菲特一台攝影機和影像放映機。

對於巴菲特創造的價值來說，葛拉漢的禮物也許並不是非常貴重。但對於一個僅僅被雇幾個月的僱員而言，這份禮物可謂十分豐厚。

一天，當葛拉漢和巴菲特去辦公室附近的一家熟食店吃午飯的時候，葛拉漢說：「華倫，金錢對於你我而言沒有任何差別，我們是一樣的，我們的妻子都會過得更好的。」

但是，師徒二人之間的差別也是真實存在的，在實踐運用方面，巴菲特正在逐漸地「青出於藍而勝於藍」。

葛拉漢能夠把滿是一欄欄數字的一頁紙瀏覽一遍，然後指出其中的一個錯誤，而巴菲特比他更快。更重要的是，葛拉漢對股市的態度是相當保守的，他的首要目標並不是要賺錢，而是要避免損失，這使他失去了許多進一步發展、將生意做大的機會。而巴菲特的態度和目標則恰恰相反。

然而，隨著合作時間的延長，他們在許多方面的分歧也逐漸開始顯現出來，這最終導致了巴菲特的離開。

當時的情況大致是這樣的，不管經營得如何，巴菲特在葛拉漢—紐曼公司還是受到了一些挫折。他手頭的基金資本只剩下五萬美元，這幾乎無法給大量的投資活動提供機會。

在這種情況下，巴菲特的發展機會受到了限制。

而在同時，巴菲特也逐漸發現，具有傳奇色彩的葛拉漢，開始變得越來越保守和謹慎了。用巴菲特的話來說，那就是「葛拉漢的首要目標並不是要賺錢，而是要避免損失」。

巴菲特認為，要是葛拉漢早點動手的話，他早就把公司的業務做成一項大生意了。

對葛拉漢保守風格的不滿，使巴菲特心裡充滿了牢騷。晚上次家時，他常常向妻子蘇珊抱怨：「我發現我和葛拉漢之間對實際投資的理念有些不同，葛拉漢的觀念和我不一樣，他不想花太多時間做深入的企業分析。」

　　蘇珊對這些專業領域的事情並不是太精通，所以巴菲特的抱怨並不能引起蘇珊的支援。

　　後來，巴菲特還曾經多次對別人說：「葛拉漢總是認為投資人應該尋求簡單而安全的投資途徑，注重於選擇最便宜的股票，他奉行的原則是，以一家公司的淨營業資本的三分之二買進股票」。

　　對於這種保守的行為，巴菲特非常不以為然。他說：「我開始參考價格低廉以外的其他因素，我盡可能對一個企業做深入的分析。」

　　巴菲特還表示，他開始將股票視為企業，而且當他和所有投資人一樣估算價值時，會把成長視為另一種價值。

　　巴菲特是一個敢於堅持自己意見的人，看到昔日的恩師葛拉漢有時如此的保守，他的意見也逐漸大了起來。他的一個朋友卡胡曾經說巴菲特和葛拉漢「就此爭論不休」。

　　當然，按照巴菲特的一貫性格，人們都明白他的話帶有一些明顯的誇張成分，因為巴菲特還是尊敬他的這位老師的。但很明顯，他們之間的分歧是真實存在的。

　　一次，巴菲特看好了一家公司的股票，並透過各種途徑瞭解到這家公司非常有前途，它的股票一定會升值。於是，巴菲特連忙來到葛拉漢的辦公室，提議公司盡快大量吃進這家公司的股票。

　　巴菲特興奮地衝進葛拉漢的辦公室，興沖沖地說：「先生，費城的一個經紀商向我們提供了一種叫家庭保護公司的股票，每股只有十五美元。」

　　「可是以前從沒聽說過這家股票，也沒有公開資料，恐怕沒法進行估價吧！」葛拉漢皺著眉頭說。

　　「是沒有資料，不過我找到了在哈里斯堡的州保險辦公室，設法收集到了一些數據，這些訊息足以證明這家股票絕對是便宜貨。」巴菲特呈上一打數據。

「不。」葛拉漢看了這家公司的資料後認為按照公司的規模，目前市場上這家公司的股票價格還是有一點高。必須再降低百分之三十以下才可以吃進，「它們還不夠便宜。」

「可是……」巴菲特的進一步申辯被老師用手勢阻止了。這令巴菲特感覺非常不快。走出辦公室的巴菲特真是心有不甘。一向敢於相信自我的巴菲特，和另一個同事在自己的戶頭買進了一些。過一段時間以後，這個名不見經傳的股票上升至每股三百七十美元，巴菲特因此又賺了一筆。

巴菲特還發現位於馬薩諸塞的新見德福德聯合鐵的股票正以四十五美元的價位進行交易，而根據他的計算，每股單算現金值就達一百二十美元。

巴菲特簡直不敢相信自己的運氣，他又一次將研究結果送交老師，沒想到葛拉漢仍不為所動。這令巴菲特感到非常的不能理解。

當然，不管葛拉漢怎麼保守，他所掌舵的葛拉漢—紐曼公司的業績還是有一定成績的，但並不十分可觀，它每年營利大概是百分之十七點四，和標準普爾五百的水平持平。

百分之十七點四的利潤回報，顯然滿足不了巴菲特的心理期望。同時，在這段時間，巴菲特一邊為公司工作，一邊也在默默做著自己的投資，他取得了更好的業績。

自從一九五〇年離開大學校園以來，巴菲特的個人資本已由九千八百美元激增至十四萬美元。

有了這十四萬美元作為賭注，巴菲特無疑膽子大起來了，腰桿也硬了起來。也就是在這時，馳騁華爾街多年，有「華爾街教父」之稱的葛拉漢感到厭倦股市了。

雖然葛拉漢在華爾街仍處於上升趨勢之中，但對他而言，金錢並不重要，重要的是他在華爾街找到了一條正確的道路，並將這條道路毫無保留地指給了廣大的投資者。

於是，這位在理論和實踐上都有卓越成就的一代投資理論之父，在華爾街奮鬥四十二年之後，決定隱退了。

由於找不到合適的人接管葛拉漢—紐曼公司，公司不得不宣布解散。解散之後，葛拉漢選擇了加州大學，開始了他的執教生涯，他想把他的思想傳播給更多的人。

在公司還沒有解散之前，已經積攢了一定資本並具有了相當投資經驗的巴菲特，也不再想寄人籬下了。他認為此刻他已經完全具備了開創自己事業的條件。

這一次，巴菲特再一次把他的目的地定在他熟悉的奧馬哈。帶著蘇珊和還很小的兒子，巴菲特準備要離開揮灑過不少汗水的紐約了。

站在紐約的火車站的站台上，望著四周人來人往，他明白這並不是他嚮往的生活，寧靜的奧馬哈才是他開創事業的最好天地。

巴菲特
開始嶄露頭角

開始嶄露頭角

哲學家們告訴我們,做我們所喜歡的,然後成功就會隨之而來。

——巴菲特

▎積極開始創業

一九五六年，巴菲特辭別老師，帶著蘇珊回到了他的家鄉奧馬哈鎮。

奧馬哈對於巴菲特來說，是一個朝思暮想的地方，似乎到了這裡，才能使巴菲特有充分的用武之地。

巴菲特曾多次深情地說：

我認為奧馬哈是一處更能使人心智健全的所在。我過去常常感到，當我返回紐約去工作時，那兒太多的刺激會使我終日心神不寧。

只要你擁有常規量的腎上腺素，你就會對這些刺激產生不適。這樣過一段時間可能導致瘋狂的行為，想到這一點是很自然的。

此時的巴菲特，已非當年隻身來投師求學時的一介書生了。他潛心研究了葛拉漢與費雪的投資理論與策略，並吸收了世界各國投資成功人士的經驗。

他在葛拉漢的指導下，在葛拉漢─紐曼公司經過了投資實習，從理論到實踐他已得到了完整的訓練，對自己的專業有了足夠的信心，而且有一個很高的起點。

此刻的巴菲特重返奧馬哈，應當是學成歸來，躊躇滿志，是隻振翅欲飛的羽毛豐滿的雛鷹，等待他的將是任由他展翅翱翔的廣闊的天空。

得知巴菲特要回來了，巴菲特的家人高興地為這位已經在華爾街小有名氣的新人，舉行了一場小規模的聚會。

在此次聚會上，巴菲特正式向他的親戚朋友提出，自己要仿照葛拉漢的模式，建立一家合夥企業，並希望家人如果認為可行，就投入資金，加入到這家企業中來。

巴菲特的姐姐朵莉絲首先表達了她的支持說：「十多年前，華倫替我買的三張股票，讓我賺了一百多美元。因此，我相信華倫，我會把我的資金投入到他的企業裡去的。」

巴菲特的律師也積極地說：「經過這麼長時間的接觸，我對華倫的投資才能是非常信任的，我一定要把我的資金投入進來。如果不投，那麼以後我一定會後悔的。」

就這樣，在親朋好友的支持下，巴菲特開始擁有了真正屬於自己的公司——「巴菲特有限公司」。投資夥伴有七人，共有資金十點五萬美元。

以下是巴菲特合夥公司七個合夥人的姓名及投資數額：

朋友查爾斯·彼得斯　五千美元

查爾斯的母親伊麗莎白·彼得斯　兩萬五千美元

姐姐朵莉絲·伍德　五千美元

律師朋友丹尼爾·默耐恩　五千美元

岳父威廉·湯普森　兩萬五千美元

姑媽愛麗斯·巴菲特　三萬五千美元

姐夫杜魯門·伍德　五千美元

在合夥企業中，負無限責任的合夥人巴菲特居住在叢林大街五二○二號。他在那兒租了一間房子，並象徵性地為合夥公司投入了一百美元，所以，巴菲特合夥公司是以十點五一萬美元的註冊資金開始運行的。

巴菲特的公司開始營運之初是非常簡陋的。有一個從伍爾沃斯連鎖店裡花了零點四九美元買的一個帳簿，還有一台手動打字機。然而，這些都不足以影響巴菲特的創業熱情。

巴菲特在啟動自己的投資事業時，之所以採用這種保守而古老的方式，客觀原因是除了家人和朋友，幾乎沒有人相信巴菲特會搞出多大的名堂，因而他籌集的資金很有限，途徑也很單一。這也是巴菲特意料之中的事。

不過，這是個讓人放心的人，很多人相信巴菲特的能力，他與其他合夥人約定：如果公司投入本錢回報率低於百分之六，那麼巴菲特一分錢也拿不

到，如果回報率高於百分之六，那麼巴菲特也只能拿到高於百分之六的那一部分收益中的百分之二十五。

假設合夥企業第一年投資萬十美元，第二年回報率是百分之十，也就是說有一萬美元的利潤。那麼在這種情況下百分之六以下的收益，即六千美元的收益是其他合夥人可以分享的，超過百分之六的四千美元中，巴菲特從中也只得到一千美元的收入。

這是個划算的協議，他的朋友和家人們都表示贊同，很快大家就發現，自己的好運來臨了。

巴菲特勝券在握，不無得意地向他的合夥人保證：「我們的投資將以實質價值而不是熱門股作為投資的選擇基礎，將會嘗試減低長期的資本損失。」

巴菲特還說：「我對自己合夥公司的經營理念來自於為葛拉漢工作的經歷。我從他的經營模式中得到一些啟發。我只是對其中某些事情作了變動，但這個經營模式不是我最先想到的。」

應該說巴菲特和他合夥人公司的創意來源於自我投資的意識，他的成功也和自我投資密不可分。

現在，巴菲特終於有了自己的公司了，雖然十多萬的資金還顯得有點少，但有了這個基礎，對於巴菲特來說無疑是有了一個讓自己騰飛的平台。

對於初入股市的巴菲特來說，他的爸爸霍華德無疑算是一個老資格的股票經紀人了。因此，霍華德常常以自己的經驗，向年輕的巴菲特建議，買入股票要三思而行。

當時道瓊工業平均指數約在兩百點左右時，霍華德憑藉多年的經驗認為這顯然太高了，並提醒巴菲特要謹慎買入。

然而，年輕的巴菲特秉承葛拉漢的投資理念，他開始用合夥人的資金進行投資，而且很快地抓住了投資機會。此時，他表現得比葛拉漢更有魄力，不僅只買下冷門股，也盡量保持了對許多公營企業及私人企業的興趣。

冷靜是炒股能夠成功的一大因素，巴菲特在這一點上無疑也是出色的。

　　巴菲特步入股市的第一步表明，他不僅可以不被市場情緒所左右，不但始終按既定目標行事，還能分清購買股票的投資行為與預測市場走勢而下注式的投機行為之間的差異。

　　在日常的投資中，巴菲特沒有被市場情緒所感染，追逐那些已經上漲的熱門股，而如他老師所教導的那樣，從尋找股票的長期投資價值入手，著眼於企業的長期發展，著眼於理性的預期，而不在乎每日的市場行情。

　　巴菲特理智地認識到，短期之內股票價格的波動是受市場情緒的影響，但這種波動總是圍繞著企業的市場價值上下的。因為對股票市場的非理性表現有了足夠的認識，巴菲特的底氣更足了，因為有瞭解，他才能夠坦然對待市場中所發生的一切。

　　巴菲特的理性投資還表現在他不受他人所左右，包括富有經驗的老資格股票投資經紀人他的爸爸在內。巴菲特不相信市場預測，他認為人們無法預知短期內股價的變動，也不相信有誰能夠做到這一點。

　　他說：「股市預測專家存在的唯一價值，是使算命先生有面子而已。」

　　因為有了這些非凡的經營才能，巴菲特營運的投資公司，到年底已經達到了三十萬美元。這對巴菲特和他的合夥人來說，無疑是一個巨大的鼓勵。

　　在一九五七年的時候，巴菲特還僅是為幾個親戚朋友掌管著區區三十萬美元的數目。這些資金雖然比去年公司剛成立時的資金多了很多，但巴菲特並不滿足。

　　很明顯，巴菲特並不甘心只做一個奧馬哈的平凡股票經紀人。他需要更大的舞台，這就需要更大的資本。

　　如何能夠吸取更大的資本呢？顯然現在的巴菲特還沒有十分過硬的名氣，也沒有取得過令人信服的驕人業績，給人的印象是一個僅有二十六歲的毛頭小夥子。但是，巴菲特並不畏懼，他充滿自信地認為，憑著自己的才能和自信，還有永不放棄的執著精神，一定能夠拉到更多的資金進入這家公司。

　　一九五七年夏的一天，巴菲特接到了一個叫埃德溫·戴維斯的電話，他是奧馬哈著名的泌尿科醫生。雖然他們從未見過面，但是戴維斯的一個病人，一個叫阿瑟·威森伯格的紐約投資顧問，在紐約時認識了巴菲特。

　　當時，威森伯格聽說巴菲特正在努力籌集資金，於是他就建議戴維斯打電話給他。儘管戴維斯對投資於這樣一個乳臭未乾的新手頗感疑慮，但他還是同意見巴菲特一面。

　　在約好的那個星期天，戴維斯召集了全家人一起，決定對這個年輕人作一番評價。約定的時間到了，門鈴也準時響了。此時，一個年輕的小夥子走了進來。

　　戴維斯醫生驚奇地看著他，輕聲問道：「請問你是巴菲特先生嗎？」

　　巴菲特鞠了一躬，禮貌地答道：「是的，我就是和你約好的華倫巴菲特。」

　　戴維斯頓時吃了一驚：天哪！他看上去只有十八歲。他梳著非常短的頭髮，他的領口敞開著，外套顯得十分肥大，每個人都注意到了他的外衣，他講話語速非常快。因此，在戴維斯一家人的眼裡，巴菲特還是一個孩子。

　　戴維斯醫生一家人相互看了一眼，還是由年老的戴維斯醫生開始提問：「巴菲特先生，我是聽說過你的，也知道你曾經在華爾街做過。因此，我們一家人才會選擇你。但是，你畢竟還很年輕，你的一些事蹟也是我們道聽途說的，你能拿出一些讓我對你產生信任的東西嗎？」

　　聽到戴維斯的提問，巴菲特心裡明白，這對他而言是相當重要的一個時刻。戴維斯醫生會不會給他資金，將取決於自己能否將其說服。很顯然，由於缺乏瞭解，戴維斯醫生絕不會像姐姐朵莉絲那樣，對自己信任。

　　然而，巴菲特並不畏懼，他不卑不亢地說：「戴維斯先生，誠如你所言，到目前為止我還不能拿出一樣能讓人信服的東西。但是，憑著我這些年對股票的研究，現在可以不誇張地說，我對現有的股票和債券都瞭如指掌。」

　　看了看戴維斯一家人的反應，巴菲特繼續說：「同時，我對華爾街也非常瞭解，我相信在奧馬哈，沒有人能比我對股票的分析更好更透徹了。」

聽到這個答覆，顯然戴維斯一家人並不十分滿意，因為巴菲特說的畢竟太空泛了，很難讓人信服。

「那好吧！巴菲特先生，」戴維斯醫生彬彬有禮且矜持地說道，「我們現在不去討論你的資質問題了。你現在能否告訴我，你是如何運作你的資金的嗎？」

巴菲特自信地說：「我要求絕對地控股，一切資金都由我單獨處置。在日常的營運中，你們不會被告知資金的投資去向。但我承諾，每一年你們都會看到一份公司的年度總結報告。」

巴菲特的話很強硬，對於一般人來說，可能會感覺有點不太容易讓人接受。

戴維斯的妻子回答道：「年輕人，如果我們不清楚我們的資金去向，我們會擔心的。」

此時，戴維斯的家人七嘴八舌地議論了起來：「是呀！看不到你如何運作，我們怎麼能放心呢？」「如果我們投資，我們不是像賭博一樣了嗎？」

談判似乎一下子陷入了僵局，其實事實並不是這樣。這是巴菲特故意製造的一種氛圍，也是商界的一貫做法，這種氛圍顯然不是對方最初所期望的。

其實，巴菲特的某些語句是想故意引起戴維斯的注意，造成誘導的作用。他利用的就是人們日常購物中「便宜沒好貨」的心理來吊起對方的胃口。

面對戴維斯一家人的質疑，巴菲特繼續說：「一年中我只在十二月三十一日那天和客戶打交道，在這一天，你們可以增加或抽回資金。其他情況下，資金都將由我單獨處置。我營運管理資金的方式是不會變的。」

巴菲特平靜地陳述著，不帶任何修飾，但是內容非常清晰。雖然巴菲特對戴維斯資金的需求如此迫切，但他只想以他的條件來得到對方的資金。

當然，巴菲特也是非常善於談判的，看到火候差不多了，他又提出了條件，戴維斯作為有限責任合夥人，可以得到巴菲特賺得利潤中不高於百分之

四的所有部分。而戴維斯投資的利潤由兩人分成，其中百分之七十五歸戴維斯，百分之二十五歸巴菲特。

這樣一來，巴菲特就不是讓戴維斯孤身賭博了，巴菲特的資金也在其中。看到巴菲特如此敢於堅持原則，條件也說得過去，戴維斯一家人動心了。

巴菲特告辭後，戴維斯一家人從各個角度又考慮了一番。從客觀的角度來說，他們沒有任何根據可作出判斷。但醫生的妻子多夢西則表示：「我喜歡這個年輕人的各個方面。」

戴維斯醫生的女婿李·爾曼也表達了支持的意見，他認為巴菲特的思路非常清晰，又有這方面的經驗，投資給他無疑是值得信賴的。最後，經過一家人的一致同意，戴維斯一家決定向巴菲特有限公司投入十萬美元。

後來，戴維斯醫生的女婿李·爾曼還曾向人多次提到這件事，他說：「這件事情很快就談妥了，我們喜歡這樣，你知道你和他所處的位置。」

能夠得到戴維斯醫生的投資，對巴菲特來說可謂意義重大。因為此前他所接受到的投資，都是來自姐姐、姑媽及其他親戚朋友。

戴維斯的投資，就絕不僅僅是為他的父親和艾麗斯姑媽進行投資了。因為有了戴維斯資本的加入，巴菲特從此將跨入職業投資者的行列。

戴維斯醫生加入到巴菲特有限公司以後，巴菲特又利用各種管道拉來了一筆不小的投資。這些資金的到來，為公司的發展壯大提供了條件。

有了資金，巴菲特開始顯現出了他卓越的投資才能。一九五八年，巴菲特的合夥企業盈利上升到百分之四十一，這個數字遙遙領先於道瓊指數，更遠遠高於銀行利率。

由於巴菲特生意上的節節勝利，巴菲特也可以考慮改善一下他的生活條件了，其中最重要的是房子，因為蘇珊此時已經懷上了第三個孩子。孩子的誕生，無疑需要巴菲特一家有更大的房子才行啊！

為此，巴菲特花了三萬多美元，買了一套寬敞的房子。這是一幢一九二〇年代建成的有著褐色裝飾的灰泥建築，是一幅郊外中上階層的風景

圖。它臨著一條繁華的街道，但又掩映在樹叢之中。在這裡，巴菲特大展身手，令自己的公司再度創造了輝煌。

巴菲特一家搬過來不久，一個機會又來到了。耐普又飛到了奧馬哈，這是巴菲特在葛拉漢—紐曼公司的同事。此後他們也成為長期的合作夥伴。耐普後來談起對巴菲特的第一印象時說：「巴菲特幾乎知道紐約股票交易所的任何一份資產負債表。」

那年，他和巴菲特一起開車去威斯康星的伯格依特，去聽葛拉漢的演講。在路上，當耐普將美國郵政正在將它的四美分面值的印花退出流通的消息告訴了巴菲特。這可是個賺錢的好機會！

巴菲特欣喜若狂，在開車回家的路上，他和耐普幾乎在每個郵局門前都停下來，最後，他們買了價值一萬兩千美元的印花。這是筆不小的收穫。

然而，只對賺錢感興趣的巴菲特，對漂亮的新房子並沒有太多的欣賞。他在給傑里·奧蘭斯的信中寫道：「這兒沒什麼新鮮的。我提到過我買了幢房子，有許多房間。」

也許是新房子花費太高的原因，巴菲特在給朋友的信中還提到這是一棟愚蠢的房子。生活條件的改善絲毫沒有影響到巴菲特對理想的追求，因為此時他的理想就是掙到很多很多的錢。

在巴菲特認真運作下，至第三年，他掌舵的巴菲特有限公司，合夥人的原始資金已經被翻了一倍。這讓所有股東感到興奮，當時很多人已經意識到跟著巴菲特準沒錯！

此時，奧馬哈滿城人都對巴菲特的神速起步及他那不同尋常的進取心，流露出驚訝的神情。

一九六〇年早些的時候，一個名字叫地許的人，送來一張三十萬美元的支票，地許本人也精通投資之道，但在他的眼中，自己和巴菲特不在一個水平線上，巴菲特是他那個時代最偉大的投資人。

當時，巴菲特注意到隨同支票一起擺在桌子上的還有一張紙條，上面寫著把我也算進去。這個人後來成為哥倫比亞廣播公司的董事長。而他早年加入到巴菲特的隊伍中來，無疑為他個人財富的積累奠定了堅實的基礎。

不過並不是所有人都慧眼識英，早期有一些投資人請巴菲特為他們投資，但更多的人則持否定態度。比如巴菲特的鄰居奇歐，當時奇歐是一家公司的高級主管，儘管他後來的人生不能不算成功。

因為他在一連串的購併後進入了可口可樂公司，甚至一度成為可口可樂的總裁與《華盛頓郵報》的董事，但是，當年面對巴菲特時，年輕的奇歐卻作出了一次錯誤的選擇。後來奇歐在接受訪問時表示，當初他拒絕了巴菲特為他投資的建議。

他說：「當時，我有五個孩子，每天都得出門上班，巴菲特有三個孩子，卻成天待在家裡。他有個有趣的嗜好，收集模型火車，我們家的孩子常常大軍壓境般到他家去玩。」

「有一天，巴菲特突然跑過來找我，問我有沒有想過如何教育這些孩子，我告訴他我打算努力工作，然後再看看怎麼做，巴菲特說如果我給他五千美元，他會為我做得更好，我太太和我討論了好久，但我們都覺得，我們連這傢伙靠什麼謀生都不知道，怎麼能把五千美元交給他呢？」

但是，之後不久奇歐就知道此前的決定是多麼愚蠢，如果自己當時把那一點點錢交給巴菲特，「那麼我現在很可能已經擁有了一所大學」。

再比如一位叫崔恩的作家，他在《股市大亨》一書中寫道：我作了相反的決定，當時我正在為我的基金尋找好的投資標的，我首先遇到巴菲特，他正值事業創立初期，連個辦公室都沒有，就在自己臥室外的小小房間辦公，既沒有祕書也沒有電腦，當我得知他不公開持股時，便決定不請他投資。為此，崔恩後悔不迭。

還有一次，在奧馬哈的一個名為黑石的大飯店舉行了一次午宴。每個人都在談論著巴菲特。當時奧馬哈的一個名叫鮑勃的大人物也在現場。

鮑勃對投資到巴菲特公司的人說：「這年輕人將來會破產，如果你不聽我的建議，你會在不到一年的時間裡賠光所有的錢。」

然而，卻沒有人相信這位鮑勃的話。因為人們對二十多歲的這位新的股神，充滿了信任。

有一次巴菲特參加了鄰居們的一次會議。會議開始後，大家正熱火朝天地討論著，採取什麼措施來對付市政府作出的《要重新規劃法內姆大街交通的提議》。此時，巴菲特站起身來，以平靜的口吻建議大家把這事兒忘了，應該把精力投入到應該做的事情上面去。

聽到巴菲特的建議，對巴菲特充滿信任的人們，立刻都意識到巴菲特是對的。於是，大家都停止了議論，紛紛回家忙自己的事去了。

當然，作為一個以賺錢為理想的人，雖然大家信任自己，但巴菲特也執意不肯透露自己的股票。因為他擔心別人會模仿他，如果大家都跟著他買進，無疑會推高股價。

那樣的話，巴菲特要更多地買進，他就得花更大的費用。這就會使自己的利潤空間降低，甚至虧本。因此，巴菲特從不和任何人提及此事，他甚至害怕說夢話，因為他的妻兒可能聽到。

日常生活中，巴菲特無時無刻不在把眼光瞄向股市，隨時等待著進攻的最佳時機。

一天，巴菲特突然把他的律師丹尼爾·莫耐恩拉進了自己的車裡。上車以後，巴菲特告訴了丹尼爾·莫耐恩一個新的計劃，吃進美國國民火災保險公司的股份。

美國國民火災保險公司是人們所見過的最不起眼的公司，它是一個設在奧馬哈的保險公司，由銀行業巨頭霍華德·阿曼森和他的兄弟海登·阿曼森控制著。

最初，美國國民火災保險公司的股票是在一九二〇年代末，被分銷給了內布拉斯加農場主們的，此後便被奧馬哈的公眾遺忘了。

現在阿曼森兄弟出價以較低的五十美元一股買回股票。他們的出價很低，但是由於這種股票沒有公開市場存在，股票持有者們也逐漸開始脫手了。

查閱了保險卷宗，並對各種訊息進行苦苦挖掘了一番以後，巴菲特意識到五十美元一股實在太廉價了，這麼好的賺錢機會絕不能讓它溜走。

然而，巴菲特也存在一個問題，因為股票並沒有上市，因此，他找不到股票可供他買進。此次巴菲特拉著他的律師好友丹尼爾·莫耐恩，就是打算跑去參加這家公司的股東年會，試圖看到股東名單，試圖憑著名單，前去收購股票。

當然，巴菲特的這個如意算盤，一下子被海登·阿曼森識破了。他很不禮貌地拒絕讓巴菲特他們看股東名單。然而，巴菲特並不甘心，他建議莫耐恩開著車在全州找一遍股票。

看到莫耐恩猶豫不前，巴菲特鼓勵道：「就像當年我們去尋找高爾夫球一樣，去尋找股票！無論到了哪裡，就多方打探。只要發現，我們就以一百美元的價格把它買下來！」

「一百美元一股應該能夠買到，但是那樣我們還能賺到錢嗎？」莫耐恩疑惑地問道。

巴菲特神祕地說：「放心吧！我已經認真調查過這個公司的情況。一百美元吃進，我們也會大賺一筆的。」

看到巴菲特堅定而急切的表情，莫耐恩放心了，他大聲喊道：「對，華倫，就像當年我們找球一樣，一定要收集到美國國民火災保險公司的股票！」

在巴菲特的慫恿下，莫耐恩駕著一輛紅白相間的雪弗萊車，向內布拉斯加最遠的角落出發了。每到一地，不論是在鄉村法院、銀行或是類似的地方，莫耐恩每看到一個人，就向他提出以一百美元每股收購美國國民火災保險公司的股票。

就這樣，在本來沒有可能收購到的情況下，巴菲特透過近乎笨拙的方法，創造了成功的條件，他和他的合夥人得到百分之十的股票，賺的錢超過了十萬美元。這是巴菲特首次擊出的一記重拳。

事後莫耐恩說：「這事聽上去像是老生常談，反映出他會為自己的想法而奔波。巴菲特是我見過的離『完美先生』最近的人。」

從巴菲特從事股票生意的獨特思維方式上，可以看出他是一個對既定目標鍥而不捨的人。很多巴菲特的朋友、同事以及合夥人都瞭解他的行事風格，他的這種行事風格不但鑄就了他的人格魅力，也極大地推動了他的事業。

正如曾經投資、經營農場一樣，巴菲特不僅僅經營股票，他還經常關注、研究各個行業的現狀及發展趨勢，以便在他認為有發展前途、有賺錢機會的行業進行投資。這種尋找商機、把握商機的洞察力和自信心是企業家成功的關鍵所在，巴菲特就是一位具備了洞察力和自信心的企業家。

▍不愉快的經歷

和老師相比，巴菲特的膽子顯然要大些。

他喜歡在某種股票上和人一拼高下，也敢於嘗試各種新的投資方法。但不管做任何事，他都是以賺錢最大化為目標的。

也許正是因為巴菲特的這一性格特徵，這也給他的投資生涯帶來過一些不愉快的經歷。這就表現在他對待丹普斯特製造公司以及這家公司對他的憤恨上。

一九六一年，在股市上屢屢得手的巴菲特，買下了名叫丹普斯特製造公司的一家生產農業設備的公司。

這家丹普斯特公司，位於美國內布拉斯加州比阿特利斯鎮，它是一個家族營運的公司，專門製造風車和灌溉系統。同時，這個製造公司也是該鎮最大的一個企業。

　　幾年前，巴菲特開車去過丹普斯特所在的比阿特利斯鎮。那是一個暴風肆虐的草原上的鎮子，那裡的人們可以依靠的就是丹普斯特這個唯一的僱主。

　　後來，經過調查，巴菲特發現丹普斯特的公司總裁克萊德·丹普斯特，正在把公司弄得一團糟。最後，巴菲特得出的結論是這家公司「有錢，不過不賺錢」。

　　有了這個結論，巴菲特無疑感到自己又發現了一個巨大的商機。因為巴菲特比較擅長的手法，就是讓對方因為不賺錢而低於正常價格賣股票，而自己迅速以低價買進。過一段時間，如果價格因某種原因上升，他就能出售獲利。

　　當然，也有可能目標客戶的股票不升值，這也難不倒巴菲特。因為如果價格不上升，他會在擁有了足夠控制這家公司的股票後停止購買。然而，他可以透過變現，也就是清算資產而獲利。

　　在巴菲特看來，只要是低價買進的股票，無論如何總會有利可圖的。發現巨大商機後，巴菲特開始透過各種途徑，吃進丹普斯特製造公司的股票。

　　對這時的巴菲特來說，丹普斯特製造公司依然是個實力很強的公司，完全控股還有一定的難度。他首先聯絡了兩個朋友，三人控制了百分之十一的公司股票。這時，巴菲特三人擁有的股權，已經僅次於丹普斯特家族了。

　　接著，巴菲特又透過手段聘用了李·戴蒙擔任公司總經理，並策略性地把克萊德·丹普斯特，變成了一個有名無實的首腦。

　　在改變了公司的管理層後，巴菲特購買股票則更加順利了。最後，巴菲特經過種種努力，終於也買下了丹普斯特家族的所有股份。

　　買下丹普斯特家族的所有股份後，巴菲特又以三十點二五美元一股的價格，吃進了不少其他人的股票，取得了對公司的控制權，成功地控制了這個規模頗大的公司。

然而，巴菲特的這次投資行為，卻給自己帶來了一場不小的麻煩。因為巴菲特控股後，丹普斯特公司每況愈下。那時公司倉庫裡堆滿了風車的配件，而公司的營運又需要有資金不斷地投入進來。

至一九六二年初，丹普斯特公司的貸款銀行越來越不放心。為了防止貸款變成壞帳，銀行決定拿公司的存貨作為貸款抵押品。很明顯，情況已經非常危急，各種要關閉丹普斯特公司的議論也在小鎮上響起。

公司的危機也給巴菲特帶來了很大憂慮，因為他投入到丹普斯特的資金已經高達一百萬美元，如果這些錢收不回來，他可沒法向那些合夥人交代啊！

無奈之下，巴菲特動員他的老友鮑勃·鄧恩來比阿特利斯管理丹普斯特公司。在巴菲特的一再鼓動下，老友鄧恩真的來了。然而，考察過後，這位昔日的老友也顯現出了無奈，並很快地告別了比阿特利斯小鎮。

一時間，巴菲特顯得無計可施了。但是巴菲特是從來不肯輕易認輸的，他還要爭取。最後，巴菲特的朋友孟格，向巴菲特推薦了一個名叫哈里·波特爾的人。

經過巴菲特的努力，那位被稱為「能處理各種棘手問題」的哈里·波特爾終於被他請來了。為了使公司盡快扭轉局面，巴菲特還派了他的新僱員比爾斯科特去協助哈里·波特爾。

哈里·波特爾到丹普斯特公司以後，對公司進行了許多改革。首先他解僱了一百個人。緊接著，外來的新管理層大規模收縮業務。

公司的裁員和收縮業務，自然激起了當地比阿特利斯鎮人的不滿，但哈里·波特爾在巴菲特的支持下，不為所動，繼續推行他的改革。

人員調整後，哈里·波特爾又帶領公司員工，四處翻檢配件部門，以決定哪些該丟掉，哪些要重新定價。經過哈里·波特爾一系列的改革，瀕臨絕境的丹普斯特公司又出現了活過來的跡象。

公司的恢復自然也使巴菲特非常高興。此時，他估計公司股票現在為每股五十一美元，而上一年為每股三十五美元。看來出手股票的時機已經成熟了，出手公司的股票一定可以為自己帶來一筆不小的利潤。

一九六二年八月，巴菲特正式通知公司的股東，準備出售公司，並且在一些有影響的媒體上登了廣告。也許是擔心公司再賣後，可能會倒閉。此時，看到公司剛剛恢復，巴菲特就又打算賣掉公司，公司所在的比阿特利斯小鎮的人憤怒了。

當時，一向善良的比阿特利斯鎮人民全都發動起來了，他們趕走了巴菲特指派到公司的管理人員，並發誓一定要保存下該鎮最大的企業。

為此，當地的人們自發地組織起來，籌集了將近三百萬美元以保證公司所有權仍然留在比阿特利斯。

那時各種對巴菲特的議論遍布小鎮的大街小巷，各種抨擊言論在四處宣揚。當地的一家報紙《比阿特利斯每日太陽報》，還專門開闢專欄，為趕走巴菲特，保住小鎮的大公司進行倒計時。

為了保證公司的正常營運，小鎮的人們又把公司創始人的孫子查爾斯·丹普斯特推到了櫃檯，準備讓他重掌家族企業的營運。

對於美國這個平凡而寧靜的小鎮來說，這段時間無疑是令人激動的。每一天，人們都屏住呼吸倒數截止日期，而整個鎮子都在努力拯救這裡唯一的公司。

這一天終於到來了，小鎮的人們終於取得了勝利。為了慶賀成功，小鎮還舉行了隆重的儀式。儀式開始後，小鎮的鎮長走向麥克風，向全鎮人民宣布巴菲特被擊敗了，公司被保存下來了。

頓時，小鎮沸騰了。一時間，全鎮警笛和鐘聲齊鳴，全鎮的人們都興奮地歡呼了起來。

對於巴菲特來說，他確實透過這次投資行為賺到了一筆錢。然而，這次投資引起的反應是他無論如何都沒有想到的。多年以後，巴菲特還曾坦言，這段經歷把他嚇壞了。

對於小鎮人們的反應，巴菲特有許多不理解，甚至委屈，因為畢竟是他為了公司的振興到處請人，才使公司避免倒閉命運的。而自己最後卻受到了人們的如此憎恨，這到底是為什麼呢？

▎決策彰顯勇氣

從一九五六年開始，巴菲特帶領他的合夥公司，在資本市場上如魚得水，收穫頗豐。每年豐厚的利潤回報令巴菲特的合夥人個個喜笑顏開，也令其他的人羨慕不已。

然而，巴菲特感到並不十分滿意，因為他感到自己的投資一直沒一個比較成功的突破。直至一九六三年，這種突破出現了，那就是巴菲特投資了美國運通公司。這個投資後來被認為是巴菲特第一口噴油井式的投資。

一九六三年，巴菲特開始研究一種與以往他買的任何股票都不相同的股票，那就是美國運通公司股票。

美國運通絕對是一個符合時代潮流的公司。它根本沒有工廠，也沒有硬體資產。實際上，它最有價值的資產就是它的名字。當時的美國，空運也已經非常發達，由於乘飛機旅行已經在人們的經濟承受範圍之內，所以中產階級開始乘飛機到處旅行，旅行支票也就成了「通行證」。

捷運公司的一項業務就是同旅行支票有關，一九六○年代初，捷運公司成千上萬美元的票據在市場上流通，像貨幣一樣被市場認可，人們毫不遲疑地接受著。這種支票被《讀者文摘》稱為「永不拒付的支票」。

最初公眾還都覺得有必要帶著現金去旅遊。當美國《時代週刊》宣告「無現金的社會」已經到來時，一場革命即將開始，而美國運通正是這場革命的導航燈。至一九六三年，有一千萬公眾持有「美國運通卡」。

　　按照當時的情況，捷運公司的前景無疑是一片大好的。然而，公司的厄運也隨之而來。

　　一九六三年夏季，美國運通公司的子公司美國運通倉儲公司的一家倉庫，接受了一大批聯合原油精煉公司罐裝沙拉油。倉庫給聯合公司開出了收據，作為這批所謂的沙拉油的憑證，而聯合公司用此收據作為抵押來取得貸款。

　　後來，聯合公司宣告破產了。聯合公司的債權人要取走這些沙拉油時，美國運通發現罐裡面裝的一部分是海水。簡單地說，就是倉庫蒙受了巨大的欺騙，其損失估計達一點五億美元。

　　由誰來承擔這項損失呢？聯合公司在負有責任的各方中是首當其衝的，但是它已經破產了，已無法履行法定責任。而美國運通的子公司捷運倉儲資產僅三十六萬美元。因此，法律上捷運倉儲股東責任僅此三十六萬美元而已！

　　然而，美國運通公司總裁霍華德·克拉克深深懂得對於一個大名登記在旅行支票上的公司而言，意味著什麼，那就是——公眾的信任高於一切。於是，在這項損失的承擔者還未確定之前，克拉克宣布承擔起損失。

　　十一月二十二日，公司的股票消息傳出，以前的六十五美元一股跌到了五十六點五美元一股。禍不單行，又恰逢十一月二十二日美國總統甘迺迪遇刺，金融市場一片恐慌。美國運通股價又一路下跌，甚至跌至三十五美元一股，股市行情一片慘淡。

　　此時，非常喜歡抄底買低價股票的巴菲特高興起來了，他感覺美國運通股價的下跌無疑是自己的一個好機會。當然，在決定是否下手之前，要首先瞭解訊息。

　　當時，隨著美國司法部門調查的深入，美國運通被騙的事態日趨明朗。原來是聯合公司被一個叫安東尼·安杰利斯的人偷換了沙拉油。很快安東尼·安杰利斯也被判刑入獄。被騙事件也許就這樣過去了。

　　巴菲特的調查也緊鑼密鼓地展開了，為此，事務繁忙的巴菲特專門抽出時間，來到牛排屋，叫上一份牛排，一個人在牛排屋裡面坐了一個多小時。巴菲特一邊悠閒地咀嚼著牛排，一邊觀察著顧客的舉動。

他刻意選在了一個臨近收款機的位置，這有助於他的工作，這場調研沒有讓他失望，巴菲特欣慰地發現不論有多麼惡劣的謠言，店內的顧客們依舊像往常那樣使用著美國通用卡來付款。由此，他推斷出，同樣的情形也會發生在美國的其他城市的牛排屋中。是的，這是一個令人振奮的發現。

同時，他還要到奧馬哈的銀行和旅行社去觀察，在那兒，他發現人們仍舊用旅行者支票來做日常的生意。

同樣的，巴菲特拜訪了出售美國運通匯票的超級市場和藥店，最後他和美國運通的競爭者進行了交談。縱然美國運通公司受到了一定的質疑，但是這並不代表美國運通公司在走下坡路。

巴菲特還發現，美國運通在全國範圍內，擁有旅行者支票市場百分之八十的佔有率，還在付費卡上擁有主要的股份。透過調查巴菲特認為，沒有任何東西能動搖它的地位，也不可能有什麼能動搖它的地位。既然美國運通公司的商標仍然是世界上暢行的標誌之一，那麼有什麼理由拒絕這支潛力股呢？

經過這一系列的調查後，巴菲特發現，事件對美國運通的影響並不是很大。巴菲特認為，在全國範圍內，美國運通公司擁有旅行者支票市場百分之八十的佔有率，還在付費卡上擁有主要的股份。即使危機不斷升級，也沒有任何企業能撼動它的地位。

這也就是說，黑暗一定會過去，美國運通公司一定能走得更長遠。

然而，就在這時，又一件意外的事情發生了。

原來，面對聯合公司債權人的起訴，一向把企業信用看得很重的克拉克，打算拿出六千萬美元，給倉庫的債權人，以求盡快平息訴訟。

克拉克的這一行為雖然是為了公司的信用和長遠發展著想，但他無疑觸犯了公司股東的利益。於是，美國運通公司的股東又把克拉克起訴了。

　　這樣一來，美國運通公司的前途一波三折，更加令外界捉摸不透了。這時華爾街的證券商們對美國運通公司的股票，如同大合唱一樣，一齊高唱著「賣！」公司股票的下跌也就在所難免了。

　　此時，巴菲特感覺機會已經成熟了，他找到了美國運通公司的總裁克拉克開誠布公地說道：「我願意出四分之一的資產購買你的股票。我認為這個價格是合理的。」

　　「為什麼？」克拉克疑惑地望著巴菲特說，「你是知道的，巴菲特先生，我們公司目前處境不好，你的投資可能會使你蒙受損失的。這一點，我不能不告訴你。」

　　巴菲特敬佩地看著這位負責人，信心十足地對這位公司總裁說：「因為我相信你的勇氣，相信你們公司的產品，更相信美國運通很快就會走出低谷的。」

　　此刻，身受官司纏身的克拉克聽了巴菲特的話，猶豫片刻，然後激動地站了起來，緊緊握住了巴菲特的手說：「你會成為一個好股東的，歡迎你的加入。」

　　當巴菲特告訴克拉克說他支持他時，一位美國運通的律師連忙抓住時機，問巴菲特是否願意提供證詞。巴菲特毫不遲疑地表示願意。

　　在律師的陪同下，巴菲特來到了法院，告訴美國運通公司股東們他們不該起訴克拉克，並應該感謝克拉克，因為他正努力不讓這件事纏上他們，這無疑是為公司的長遠發展考慮的。

　　巴菲特的勸說造成了重要作用，更大大地幫了克拉克的一個大忙。多年後，克拉克回憶這件事時，還激動地說：「巴菲特買了我們的股票，而任何在那種時候買進的人都是我們真正的同伴。」

　　儘管訴訟還在緩慢地進行著，但美國運通公司的股價已經開始回升。然而，這一次巴菲特沒有沿襲葛拉漢的模式馬上拋售股票以實現利潤，他喜歡克拉克，而且喜歡公司的產品，因此，他不但沒有拋售美國運通公司的股票，反而逐漸增加了投資。

　　當然，巴菲特將自己大約一千三百萬美元資金，投入到美國運通公司這種股票上，也是要承擔一定風險的。如果判斷錯了，巴菲特辛苦積累的財富和聲譽將化為灰燼。

　　後來的事實證明巴菲特的判斷是正確的，至一九六五年，美國運通的股價升到了一百零五點五美元每股，是巴菲特買入價的兩倍。此後，克拉克把巴菲特視為知己，認為巴菲特是真正的夥伴，而在巴菲特看來捷運公司的產品更是令他著迷，因此後來仍舊持續不斷地增加持股量。

　　巴菲特購買美國運通的好處，不僅僅是獲得了長久的利潤回報，對美國運通的投資，為他下一個戰役——入主波克夏·海瑟威奠定了堅實的基礎。

　　一九六五年，巴菲特的朋友和合作夥伴馬歇爾·溫伯格從埃及旅行回來，巴菲特和妻子來到溫伯格在曼哈頓的公寓拜訪他。很少有美國人去過埃及，溫伯格急切地說：「嘿，華倫，給你看看金字塔的幻燈片！」

　　「我有個更好的主意，」巴菲特淡淡地說，「把幻燈片給蘇珊看，我到你的臥室裡給你讀一份年度報告不是更好嗎？」

　　這份報告是有關華特·迪士尼產品的。

　　「我自己去時代廣場看了一場迪士尼公司最新推出的電影《歡樂滿人間》。」巴菲特告訴溫伯格。

　　「你？你不會是對那個女明星感興趣吧？」溫伯格打趣地說。

　　「很有趣是嗎？我一個人，穿著花呢衣服，帶著公文包和爆米花，其他的觀眾都盯著我看。」巴菲特自我解嘲地說，「不過燈光一暗，他們就把我拋在腦後了。」

「我坐在黑暗中忍不住想，」巴菲特的聲音突然激昂起來，「今天、明天，以及許多個使觀眾們被迪士尼所吸引的明天，將會是多麼大的一筆價值！」

夏天，巴菲特一家和朋友基格一家去了迪士尼樂園。

「爸爸，快看啊，白雪公主！」、「爸爸，我要去玩那個！」孩子們在樂園裡開心地玩耍著。

巴菲特和基格騎著車，一段路一段路地走，一個景點一個景點地評估。他指著收藏有卡通畫的圖書館大聲說：「這是無價之寶。」

後來，巴菲特在迪士尼拍攝場地拜訪了華特·迪士尼本人。巴菲特見到他時，他沒穿外衣，生機勃勃，好像永遠都是那麼熱情。巴菲特被他對自己工作的那種喜愛所深深觸動——這和巴菲特自己是多麼相似啊！

巴菲特花四百萬美元買下了迪士尼百分之五的佔有率。

像以往一樣，巴菲特不會將他持有美國運通或迪士尼的消息告訴給股東，但他會在每年的年度報告中，不遺餘力地對他的各種運作途徑事先作出充分解釋，而且解釋得十分具體。他清楚地知道合夥人對他的信任是相當重要的，明白誤解會使一個團體走向崩潰。

一次，巴菲特正在辦公室和一位名叫比爾·布朗的銀行家舉行會談。祕書走進來說：「先生，有位合夥人想見您。」

「我現在很忙，請他改日吧！」巴菲特吩咐道。

過了一會兒，祕書又走了進來：「巴菲特先生，他堅持要見您，想要搞清楚他的資金到底投向了什麼地方。」

「請稍候。」巴菲特霍然起身，走了出去。片刻他重又進來，對祕書說：「抬高價格把那傢伙擠出合夥企業。」

他轉向布朗歉意地一笑，解釋說：「他們該知道我的規矩，我一年只向他們彙報一次。」

「可是投資人知道自己的資金流向又有什麼不好呢？」布朗很不解地問。

「我的投資組合比較反傳統，不像別的基金那樣平均分配，而是喜歡集中在幾種較出色的股票上。」巴菲特解釋說，「股東若是知道的話，一來會比較擔心，二來也會干擾我的獨立操作。」

「哦，多元化組合難道就一無是處嗎？」布朗有些不服氣。

「把幾百種不同的股票塞進自己的證券組合，唯一的好處就是跌或漲都沒有明顯影響，但擁有那麼多股票只會使一個人無法挑選出優勝股票。事實上，我懷疑他們對所選擇證券的瞭解，甚至還趕不上一個酋長對他一百個女人中任意一個老婆的瞭解程度。」巴菲特的這番話總結得雖有些刻薄，但是一針見血。

而巴菲特也的確有資格這樣說。在合夥人企業經營的第二個五年中，扣除巴菲特應得的利潤佔有率外，他的有限責任合夥人的投資額上升了百分之七百零四點二。盈利則是道瓊指數的六倍。對於一個最初始的投資者來說，比如戴維斯醫生一家，每十萬美元都變成了八十點四萬美元。

巴菲特合夥企業的總資產至一九六六年年初時，已增長至四千四百萬美元，而在他三十五歲時，他已經變得相當富有。他曾寫信給合夥人：「蘇珊和我的投資有六百八十四萬美元，這樣就可以防止我偷偷溜出去看下午場的電影了。」

巴菲特如一顆新星般脫穎而出，第一次嘗到了出風頭的滋味。五月份，《奧馬哈世界先驅報》的讀者在第二版頂部看到了巴菲特花狸鼠般露齒一笑的樣子。畫面上的巴菲特一隻耳朵貼著話筒，梳著毫不入時的短髮，顯出一臉的熱切表情。報上寫道：「全美國最成功的投資企業之一是在奧馬哈，它的經營者是一位在年僅十一歲時就買進了第一張股票的年輕人。」

儘管在金融新聞總局和全國性商業出版物上還沒有關於他的文章，但在眾多投資者眼中，巴菲特的地位正逐漸達到神話般的程度。

▊崇尚節儉生活

　　巴菲特天才的投資才能為他贏得了巨大的成功。一九六二年，巴菲特合夥人公司的資本達到了七百二十萬美元，其中有一百萬美元屬於巴菲特個人。事業發展到這個階段，應該調整投資方式，巴菲特將其最小投資額擴大到了十萬美元。

　　至一九六四年，巴菲特的個人財富達到了四百萬美元，而此時他掌管的資金已高達兩千兩百萬美元。

　　對於巴菲特合夥企業而言，財富的增長是飛速的，從進入投資領域到一九六九年的十三年中，他的投資組合平均以每年百分之二十九點五的速度增長。

　　其中百分之六作為利息，餘下的利息中百分之七十五乃是合夥人利潤，只有百分之二十五是巴菲特的報酬。但算下來，合夥人的年收益率仍高達百分之二十三點六。

　　公司在發展壯大，巴菲特自然也獲得了巨大的收穫。從一九五〇年的九千八百美元，至一九六九年的兩千五百萬美元，他的個人投資的年增長率超過百分之五十四。

　　當然，這種盤旋上升的財富積累，並沒有對巴菲特的生活方式產生任何顯著的影響。他依舊偏愛帕索的灰色男裝，羅斯的牛排以及內布拉斯加大學的足球比賽。

　　平時，巴菲特的舉止態度也沒有任何跡象表明他很富有。的確，他的房子裡房間多了一些，並且還增加了一個羽毛球場，高高低低的屋頂顯得錯落凌亂，但對於擁有百萬財產的富翁而言，它畢竟太普通了。

　　一天，一家人圍坐在一起吃飯。小兒子彼得從攤開的報紙上突然抬起頭，睜大雙眼驚訝地盯著父親問：「爸爸，這報上說你有兩千五百萬美元，是真的嗎？」

「我很遺憾你到今天才知道，」巴菲特開玩笑地說，「我們是不是應該在床上放個標誌，比如說『今天是長子值夜班看守錢財』什麼的？」

「這可是筆大數目，你能分給我多少？」初出茅廬的小彼得天真地問。

「哦哦，彼得，你放心，我會在遺囑裡提到你的。」巴菲特俏皮地安撫兒子說。

女兒蘇茜噘起了小嘴，「可是爸爸，我連自己的車都沒有，還要在馬車商店裡幹活來賺錢。」

「這就對了。」巴菲特半是玩笑半是認真地聲明：「你們不要奢望從我這裡得到一個銅板，我害怕哪怕是一點錢都會讓你們幾個孩子變壞。」

這樣教育的結果是使巴菲特全家對金錢很淡漠，而且處於一種隨意和平等的氣氛。人們順路走過時，不用打招呼就可以使用他家的球場，來的人如此之多，儼然成了公共社交場所，這個私家球場也幾乎成了公用體育場所。

蘇珊將房子裝扮成明亮的橘紅色和黃色，對所有大小朋友都敞開家門，巴菲特有時會下樓親自為大家和他自己爆些玉米花。每到週六晚上，客廳總是擠滿了人，孩子們的小朋友為蘇珊演奏自己作的曲子，蘇珊也會為他們演奏幾曲，氣氛非常熱烈。

一九七一年夏天，蘇珊和丈夫商量在洛杉磯南部海濱購買了一幢價值十五萬美元的渡假屋。第一個夏天裡，三個十多歲的孩子待在這裡玩耍了一番，而巴菲特對孩子的朋友們表現得很有耐心，只要有空閒就和他們嬉戲。

一天晚上，巴菲特帶著這一大幫人去吃晚飯。飯後，餐廳侍者拿著巴菲特的信用卡過來，頗有些懷疑地說：「抱歉先生，您已用到限額了。」

巴菲特向妻子揚揚眉毛，二話沒有，又老老實實地遞給侍者第二張信用卡。

「哈哈哈……」巴菲特的可憐神情讓蘇珊和孩子們笑痛了肚皮。他們對巴菲特說，他身上實在沒有一點兒架子和派頭能夠顯示出他是一位百萬富翁。

　　巴菲特很少想過要把他的財富花費在物質享受上，享受本身並不是他對財富渴求的原因，金錢只不過是一種證明，是他所喜愛的遊戲的一個記分牌而已。和大多數人富起來就大力置辦豪華轎車相比，巴菲特一家的大眾車顯然和現在的百萬富翁不相適應了。但巴菲特並不在乎自己的車有什麼寒酸。

　　一次，巴菲特開著他的這輛大眾牌汽車去接人，朋友從機場坐上巴菲特的車後，一直感嘆：「嘿！華倫，你現在已經是百萬富翁了，應該換一輛像樣的車了。」

　　巴菲特微笑了一下說：「但我並沒有感覺我的這輛大眾牌汽車差呀！我開了幾年感覺挺好的。」

　　朋友無可奈何地說：「華倫，你是做投資的，你可以隨便選擇你的行為。但是如果你的行頭太差了，可能會影響到投資者對你的信心的。」

　　「嗯！你說的有道理。」聽了朋友的話，巴菲特才意識到也許自己的大眾牌汽車確實該換一下了。

　　第二天，巴菲特對蘇珊說：「親愛的，也許我們該換輛車了。你沒感覺到咱們的大眾牌汽車有些寒酸了嗎？」

　　蘇珊也很贊同巴菲特的觀點，於是就說：「當然是該換一輛了，但買哪種車好呢？」

　　巴菲特並沒有為選擇哪種車而浪費時間，他從不願在這種小事上耗費精力的，於是回答道：「隨便哪種都行，我無所謂哪種。」

　　於是，蘇珊買來了一輛車身很寬的凱迪拉克牌汽車。

　　巴菲特有錢了，巴菲特也出名了，奧馬哈的人們對巴菲特都異常尊敬，甚至崇拜了起來。

　　一次，奧馬哈一家電腦公司的副總裁霍德和巴菲特一起飛往休士頓。途中，他天真地問：「華倫，做一個百萬富翁的滋味怎麼樣？我以前從未認識過百萬富翁。」

　　「只要我願意，我可以用錢買到任何想買的東西。」巴菲特簡單地回答。

　　這是實情，許多人夢寐以求的東西，巴菲特都可以得到了，但這些對他沒有太大意義。他只是夢想著如何一天一天堆積更多的財富。

　　一九八〇年代末，巴菲特已稱得上是名滿天下了。他破例花六百七十萬美元買了架飛機，每天忙忙碌碌地參加各個董事會，與美國企業名人的經理們打牌，與總統、國會議員們共進晚餐……

　　巴菲特很受他們的歡迎，因為他沒有一點財大氣粗的架勢，仍然保持著樸實、節儉的風格。

　　巴菲特有一次和另一位億萬富翁約翰·克魯格一起為 ABC 電視台做節目，錄音結束後，克魯格鑽進了等在一旁的高級超長轎車，而工作人員卻驚訝萬分地看著巴菲特泰然自若地走下人行道，揮手叫住了一輛計程車。

　　「我說華倫，你就穿這身衣服去參加晚會了？」一次，蘇珊回奧馬哈時，發現巴菲特的西裝已經皺得不像樣子。

　　「那又有什麼關係，我本來就是一位混入上流社會的鄉巴佬。」巴菲特卻滿不在乎。

　　「蘇茜，把你爸爸架到商場去。」蘇珊抓起手袋，招呼女兒，「我們該給他弄幾套體面點的衣服了！」

　　於是這套一千五百美元的傑尼亞西服就成了巴菲特的制服。他拒絕了其他人一次次讓他定做衣服的建議，嘟囔著說一套足矣。

　　當時一個經紀商的妻子，在她女兒的《兒童手冊》上「三個現代最偉大的人物」一欄下面寫道：施韋策、愛因斯坦，還有華倫·巴菲特。

　　這種崇拜之情當然讓巴菲特感到很高興，但也使他急躁起來。隨著一次次成功地飛躍，代表期望的橫竿越來越高；星星越是明亮，它燃盡之後的陰影越是黑暗。沒人在華爾街能永遠贏下去，他很清楚這一點。

▌選擇急流勇退

一九六〇年代正是美國股市牛氣沖天的時代，整個華爾街進入了一段瘋狂的投機時代。對於很多資金持有人來說，這是爭先恐後的年月。

此時，電子類股票、科技類股票突飛猛漲，隨著投資者們對短期利益的追逐，股指也不斷創出新高，在投資者「恐懼」和「貪婪」這兩種情緒中，後者占了上風，在樂觀的預期下，他們對再高的股價都不害怕，把套牢的恐懼忘得精光，他們似乎相信自己的直覺，認定股價還有上漲空間。

這種瘋狂投資的表現隨處可見：證交所排起了長隊，投資基金如雨後春筍般建立起來。隨著巴菲特基金規模的擴大，面對連創新高的股市，巴菲特卻逐漸不安起來。

一次，巴菲特在寫給一個合夥人的信中說道：

葛拉漢這輩人退休了，隨之帶走了對大蕭條時期殘酷的記憶。華爾街覺察到年輕一代人的崛起，他們中的許多人在一九二九年時尚未出世，同時也對上一輩人無窮無盡的回憶十分厭倦了。

更重要的是，他們對大崩潰之前的狂亂歲月沒有任何記憶。對他們而言，投機是無可厚非的。一九六〇年代牛氣沖天的股市對於他們就像初戀一樣充滿新鮮感，甚至連他們交易的股票都是新的，電子發行，龐大的集團，小的成長股票。

所有這些都要求一種忠誠，似乎此時，只要忠誠就足夠了，股票在紛紛上漲。

巴菲特對股市的憂慮，開始顯現出來，也可以從他和孩子的對話中發現他對股市的憂慮。

一次，巴菲特在給孩子們講故事，而他的這個故事就和對股市的憂慮有關。

故事的大意是一個石油勘探者來到天堂門口，聽到一個令他萬分沮喪的消息：為石油工人保留的「庭院」已經滿了。在得到聖彼得的恩准可以說幾句話後，這位石油勘探者大聲叫道：「地獄裡發現了石油。」

於是，天堂裡每個石油工人都紛紛出發尋找冥府財寶去了。聖彼得對他留下了深刻的印象，並告訴他說現在天堂裡有足夠的地方了，完全可以容納它的崇拜者了。

這個勘探者猶豫了一下說：「不，我想我該跟餘下的這些人一起去，也許在謠傳的背後會有些真實的成分。」

故事說完了，不懂事的孩子都笑了起來，對巴菲特說：「哈哈！爸爸，那個人真傻啊！明明地獄裡有石油的謠言是他自己編的，他後來自己怎麼也相信了呢？」

巴菲特沒有回答孩子們的問題，只是皺起眉頭，在考慮當時華爾街股市的種種問題。

與對股市泡沫產生憂慮的還有投資環境的變化。當時，巴菲特擁有了更多的現金，但是，股價都在上升，可進行投資而可做的交易越來越少，這兩方面的矛盾使他陷入了困境。

儘管在當時看來，只要追逐市場，不動任何腦筋就會變得越來越富有，但是巴菲特永遠是一個真正的「投資者」，而不屑做投機家們做的事。

除了不屑做投機者之外，巴菲特投資還有一個原則，那就是敢於堅持原則。

一九六八年，當巴菲特正逐步吸納一家家庭保險公司的籌碼時，一天，當他的經紀人為他買進了價值五萬美元的股票後，巴菲特突然打電話讓經紀人撤單。

原來巴菲特聽到了內部消息，那個家庭保險公司將被城市投資公司以高價接管。第二天，消息公布，巴菲特錯過了一個獲利的大好機會。儘管他明明知道買下它是合法的行為，但他永遠有自己的行為準則。

進入一九六八年，美國陷入一場政治的動盪中，隨之美國經濟也開始動盪，而市場跌入了令人目眩的深淵之中，於是投資者們逐漸把注意力放在短期投資上。

這造成的結果在股票上顯現了出來，當時股票的交易已經達到了瘋狂的地步。「大螢幕」的一日平均成交量達到了一千三百萬股，比一九六七年的紀錄還要多百分之三十。

那時，股票交易所裡的員工被大量的買賣單據忙得喘不過氣來，這在它的歷史上是破天荒第一次。那時的一個基金的管理人員宣稱，單從每週每小時股價做出研究是不夠的，證券必須以分鐘間隔來進行研究，也就是說，金錢已經掛在了時間的齒輪上，每時每刻都在流動。這種情況使人覺得出去取一杯百事可樂都有負罪感。

當時，巴菲特的某些合夥人打電話給他，提醒他市場走勢還會更高。對於這些電話，巴菲特都一一駁回了。

一九六八年，在股市的一片飛漲之中，巴菲特和他的基金雖然非常謹慎地進行投資，但也獲得了非常可觀的收入。這一年，巴菲特公司的股票取得了它歷史上最好的成績：增長了百分之四十六，而當年的道瓊指數才增長了百分之九。巴菲特掌管的資金上升至一點零四億美元，其中屬於巴菲特的有兩千五百萬美元。

一九六八年年底，股市的牛市正斷斷續續發出死亡前的呻吟，許多股票的市盈率達到了四十到四十六倍之高，有的甚至達到了一百倍。儘管如此，基金經理們仍樂觀地認為人們在特定的時刻認為某種股票價值多少，股票就值多少。

此時，這位具有非凡經營眼光的投資天才，開始對尋找股票徹底失望了。

一九六九年五月，當股市一路凱歌的時候，巴菲特做了一件非同尋常的事，他擔心自己陷入對苦難不幸的哀嘆之中，同時也擔心所得的盈利付諸東流。

「蘇珊……」巴菲特欲言又止。

「你想說什麼，華倫？」結婚十多年，蘇珊早已明了丈夫的神態意味著什麼。

「我想我該到抽身退出的時候了，我想關閉合夥人企業，再開一個新局面。」巴菲特在妻子鼓勵的目光下說出了一個重大決定。

「你想清楚了嗎？你今年的業績不是很出色嗎？」蘇珊吃驚地問。

「我知道這需要勇氣，在華爾街人們絕不會關閉企業，償還資金，尤其不會在鼎盛時期。但是我真的不喜歡目前的市場環境，我不願將自己的成績在這些經濟泡沫中跌個粉碎。」

「也許你可以賣股票，把資產換成現金，然後再等待機會，何苦一定要退出呢？」蘇珊提出了另一種選擇。

「但是每個合夥人都希望由我來運作，來帶領整個聯盟，這讓我感到一種無法推卸的壓力，要讓我放慢腳步的話，唯一的辦法就是停下來。」巴菲特和妻子推心置腹地說。

「按你的想法去做吧，」蘇珊理解地輕輕擁住丈夫，「我會一如既往地支持你。」於是，他宣布隱退了。

主意打定之後，巴菲特立刻通知他的合夥人，他要隱退了。隨後，巴菲特開始逐漸清算了巴菲特合夥人公司的幾乎所有的股票，悄悄退出了異常火爆的股市。

在當時一片火爆的華爾街，那些投資家們是絕不會關閉企業，將資金償還的。然而，巴菲特卻那樣做了。在大多數人看來，其實巴菲特可以有許多種選擇，比如他可以只售出他的股票，將其換成現金，然後等待機會。

但那只是大多數人的看法，畢竟不是巴菲特的看法。巴菲特自有他的考慮，他認為如果合夥人的錢依然還在自己手裡，那麼那些合夥人都渴望他來繼續運作。這無疑感到自己要承擔太多太重的無法推卸的責任。

巴菲特後來也曾提到這次隱退，他說：「如果我要參與到公眾中去，我就身不由己地要去競爭。我明白，我並不想畢生都在忙於超越那隻投資的兔子，要讓我放慢腳步，唯一的辦法就是停下來。」

但他退隱的計劃並沒阻擋他股市神話的奇蹟。一九六七年合夥人企業向前推進百分之三十，比道瓊多出十七個百分點，其中大部分來自美國運通公司，它已狂漲至一百八十美元／股，在這項一千三百萬美元的投資中，巴菲特賺取了兩千萬美元的利潤。他還從迪士尼上賺了百分之五十的利潤。

一九六九年，巴菲特把大多數時間都花在了對投資組合的清算上。他繼續將奧馬哈作為自己的運作基地，卻對紐約股市的所有行情瞭如指掌。《鄧恩評論》在採訪他時問：「在這樣一個快節奏時代，您怎麼能留在悠閒落後的內布拉斯加呢？」

「奧馬哈和任何別的地方一樣好，」巴菲特正面回答，「在這兒你可以看到整個森林；而在紐約，很難看到樹木外的其他東西。」

「可是你在奧馬哈如何得到紐約的『內部消息』呢？」記者窮追不捨。

「有了足夠的內部消息，再加上一百萬美元，你可能會在一年內破產。」巴菲特回答道。這是一句非常中西部風格化而且揭露本質的話。

就這樣，巴菲特執意隱退了。他的退出雖然使一部分人感到驚訝，感到不可思議，但這並沒有阻止他們對股市的狂熱追求，華爾街的股市還是一片大好。

然而，巴菲特的這次急流勇退，再一次證明了這位股市天才的卓越眼光。

到了當年的六月份，巴菲特隱退的決定開始被認為是英明的。道瓊指數下降至九百點以下，至一九七〇年五月，股票交易所的每一種股票都比一九六九年年初下降百分之五十。

此後的幾年間，美國股市就像個洩了氣的皮球，沒有一絲生氣，持續的通貨膨脹和低增長使美國經濟進入了「滯脹」時期。然而，一度失落的巴菲

特卻暗自欣喜異常，因為他看到了財源即將滾滾而來，他發現了太多的便宜股票。

一九七二年，巴菲特又盯上了報刊業，因為他發現擁有一家名牌報刊，就好似擁有一座收費橋梁，任何過客都必須留下買路錢。

一九七三年開始，他偷偷地在股市上蠶食《波士頓環球》和《華盛頓郵報》，他的介入使《華盛頓郵報》利潤大增，每年平均增長百分之三十五。十年之後，巴菲特投入的一千萬美元升值為兩億美元。巴菲特是有史以來最偉大的投資家，他依靠股票、外匯市場的投資成為世界上數一數二的富翁。他倡導的價值投資理論風靡世界。

價值投資並不複雜，巴菲特曾將其歸結為三點：把股票看成許多微型的商業單元；把市場波動看作你的朋友而非敵人（利潤有時候來自對朋友的愚忠）；購買股票的價格應低於你所能承受的價位。

「從短期來看，市場是一架投票計算機。但從長期看，它是一架稱重器」——事實上，掌握這些理念並不困難，但很少有人能像巴菲特一樣數十年如一日地堅持下去。

巴菲特似乎從不試圖透過股票賺錢，他購買股票的基礎是：假設次日關閉股市或在五年之內不再重新開放。在價值投資理論看來，一旦看到市場波動而認為有利可圖，投資就變成了投機，沒有什麼比賭博心態更影響投資。

要投資那些始終把股東利益放在首位的企業。巴菲特總是青睞那些經營穩健、講究誠信、分紅回報高的企業，以最大限度地避免股價波動，確保投資的保值和增值。而對於總想利用配股、增發等途徑榨取投資者血汗的企業一概拒之門外。

巴菲特
繼續書寫神話

繼續書寫神話

對訊息的蒐集、整理、判斷、處理的過程就是經營生意的過程。

——巴菲特

▌及時捕捉商機

巴菲特的輝煌和波克夏·海瑟威公司有著重大的關係，後來人們也把這個名字叫做「波克夏帝國」。

波克夏的前身是由奧利弗·蔡斯創建的，他於一八〇六年在羅得島州的普羅維登斯開業。業務漸漸發展為紡織業的龍頭，使波克夏公司的紡棉量曾一度占到整個國家棉花總量的四分之一。

一九二九年，幾家紡織公司和波克夏棉花生產公司聯合起來，並更名為「波克夏紡織有限公司」。

第二次世界大戰和戰後那些年為公司的發展提供了商機。在軍需品公司的請求下，公司紡織品生產也將原來三百萬碼的生產任務增加至五百萬碼。

戰爭結束後，波克夏精棉紡織有限公司和另一個叫海瑟威的製造公司共有一百八十萬美元的利潤，遍布新英格蘭州的十多家大型工廠，共僱用員工一萬多人。

後來，一場強大的颶風造成了其中一個工廠的毀滅，對公司最大的綜合建築也造成了嚴重的損害。海瑟威公司不得不和波克夏棉花紡織公司合併，合併後公司的名字也改為波克夏·海瑟威公司。

由於紡織生意非常難做，在接下來的九年裡，波克夏·海瑟威公司每況愈下。至一九六四年，這個曾經規模宏大的公司，幾乎只剩下一堆瓦礫、兩個工廠和大約二十二萬美元的資本淨值。

根據經濟理論來說，如果一家公司經營不善，遲早會有投資者認為自己能把它的資產派上更大的用場，於是將它接管下來，這一切就在巴菲特注意到波克夏時發生了。

其實早在一九五〇年代，巴菲特就已經注意到這家公司了。那時的巴菲特在葛拉漢—紐曼公司工作，他只是在看著這家公司的股票在一路下滑而沒有做任何表示。

直至一九六二年為止，巴菲特都不過是一個目睹公司經營慘狀的旁觀者。此時波克夏的股價已跌到了每股八美元，這看上去是個相當不錯的機會。

隨著他興趣的逐漸高漲，一位叫丹尼爾·考因的紐約經紀商朋友，又為他找來了一大堆股票。

一九六三年的一天，考因應巴菲特的要求來見他，笑容滿面地說：「恭喜，華倫，你已經是波克夏最大的股東了。」

「我今天找你來就是為了這件事，」巴菲特嚴肅地說，「我要你對外界暫時隱瞞我的股東身分，替我出面來處理一切事宜。」

「那你需要我下一步做什麼呢？」考因敏感地察覺到朋友可能要有什麼大舉動。

「我要你先在波克夏董事會裡爭到一席之地。」巴菲特明確地指示。

股界消息流傳很快，漸漸有傳言說考因的客戶是巴菲特。波克夏的銷售總監認識巴菲特，馬上直接打電話詢問：「華倫，你是不是在買我們的股票？你還要買進更多的佔有率嗎？」

「有可能，但也說不準。」巴菲特含糊其詞地敷衍過去了。沒有任何人意識到巴菲特將會有什麼樣的動作。

不久以後，巴菲特參觀了這個紡織廠。他複印了自一九二〇年代以來波克夏的全部財務狀況，然後又要求看看廠房。肯·察思，一位平易近人、快滿五十歲的化學工程師被派去陪同他。

在兩天的時間裡，長著方方下巴的察思帶著巴菲特在紡織廠裡四處轉。巴菲特覺得一切都很神奇：厚厚的一捆捆棉花原料消失在巨大的漏斗裡，纖維被織成閃閃發光的透明網狀物，它們像繩子般的細絲在成千上萬台的紡架上被擰成紗線，好像士兵集結到一起。

「這台機器是幹什麼的？它的技術年限是多少？公司目前銷售什麼產品？銷售對象是誰？」巴菲特提出了一連串的問題，每件事都要刨根問底。

憑自身實力奮鬥成為生產副總裁的察思對答如流。

「那麼,」巴菲特突然停住腳步,盯著察思問,「您能告訴我公司目前的經營狀況如何嗎?」

「坦率地說,很不樂觀。」察思回答,「事實上,我們面臨著全面的衰敗。除兩家紡織廠外,其餘的廠房都被關閉了,資產減少了一半,而且只剩下兩千三百名工人。」

巴菲特點點頭,繼續向前參觀,興致勃勃地提問,但心裡卻已經找到了自己想要的人。

就是這樣的一家陷入困境的公司,被華倫巴菲特和他的投資合夥體看中,他從一九六二年開始購入這家公司的股票,於一九六五年購買下了波克夏·海瑟威公司,取得了這家公司的控制權。

大約一個月後,察思的一位朋友打來電話:「你還記得那個華倫·巴菲特嗎?他想控制波克夏·海瑟威公司,而且已經擁有了足夠的股票。」察思還未來得及從這個消息中反應過來,對方接著說:「他有事想和你談談,希望你能到紐約的廣場飯店和他見個面。」

在一個春光明媚的日子裡,巴菲特和波克夏的一個化學工程師察思一同走進前面的一家小店,巴菲特買了一些冰淇淋和奶油棒。

巴菲特單刀直入地問道:「我想讓你當波克夏·海瑟威公司的總裁,你意見如何?」

「好,我同意。」察思下意識地點了頭。

「那你先不要把這件事告訴任何人。」巴菲特叮囑了一句,「想想你都需要些什麼,波克夏已經是你的孩子了。」

此時的察思當時已經四十八歲了,而這個許諾啟動他事業的人卻只有三十四歲。

巴菲特的這個許諾很令察思費解,他還沒來得及答應下來,巴菲特就補充說他已經掌握了足夠的股票,可以在下次董事會上辦妥這件事情。巴菲特和察思的談話前後不到十分鐘就結束了,而察思卻一直沒回過神來。

正式接管波克夏·海瑟威公司後，巴菲特真的任命察思為公司的新總裁。正式接管的那天清早，巴菲特飛到了新伯福。他理著一個小平頭，衣服扣得緊緊的，盡是皺褶，還被一個公文包和巨大的旅行袋向下墜著，活像一個熱情奔放的推銷員。

這是一九六五年五月十日，波克夏·海瑟威公司的股票當天便開始暴漲，以十八美元每股收盤。董事會會議之後，巴菲特和察思漫步走過這座歷史悠久的紡織廠。

此時，察思早已準備好要聽取這位新業主對工廠的計劃，但是巴菲特卻說任何有關於紗線和織布機的事情都由察思來處理，而他自己只管資金。

「那麼您靠什麼來評價我的工作呢？」

「我不在意你能生產出或賣出多少紗線，對一個孤零零數字所表示的利潤額也不感興趣，我關心的只是利潤與資本投資額的百分比值，那才是我評價你業績的標準。」巴菲特提出的是一個關於投資回報的基本理論。

「可是，我還是不太明白你的意思。」察思覺得這個觀點真是聞所未聞。看到一臉迷惑的察思，巴菲特向察思講解了一些有關投資回報的基本理論。

經過一段時間的解釋後，巴菲特最後說：「我寧願要一個盈利率為百分之十五的一千萬美元規模的企業，而不願要一個盈利率為百分之五的十億美元規模的企業，我完全可以把這些錢投到別的地方去。」

「還有，」巴菲特補充說，「我會撥給你一筆一萬八千美元的貸款，足夠你買進一千股股票。」

「不，我可還不起這麼一大筆錢。」察思開玩笑似的拒絕了。他的工資不到三萬美元，平常連根鞋帶都不願去借。

「我們應該與企業同風險、共命運，」巴菲特是個優秀的推銷商，推銷自己時尤為出色，「難道你不相信我嗎？我向你保證，所有的付出都會得到應有的回報。」

「我相信您，巴菲特先生，我接受您的提議。」察思有種很強烈的預感，只要有巴菲特來主管，好運氣就會來臨。

很明顯，巴菲特買下波克夏看重的是可以投資的「別的地方」。很快，察思也認識到了巴菲特的用意，他向別人提及這事時說：「我很快就明白了，華倫最關心的一件事就是更快地周轉現金。」

因此，巴菲特對波克夏·海瑟威公司的管理就是抓重點。他放手給察思以自治權，他告訴察思不必為每季度的項目和其他一些浪費時間的瑣事所煩擾，而巴菲特只需要察思給他送來每月的財務報表。當然關於資金的調度大權屬於巴菲特本人。

接管波克夏·海瑟威公司後，因為巴菲特關注的重點是資金，所以當巴菲特發現，紡織品是一種日用品，總是處於供過於求的狀況中，製造商們無法靠提高價格來獲取更多的利潤時，他對繼續追加投資的興趣變低了。

在以後的兩年裡，儘管世界紡織品的市場十分繁榮，波克夏·海瑟威公司得到了不錯的回報，但巴菲特並不是十分滿意。因為權益資本收益率並未超過百分之十的水平，這對於一向擅長投資賺大錢的巴菲特來說，無疑有點失望。

於是，巴菲特便不願意再追加投資到波克夏·海瑟威公司了。當然，巴菲特並沒有放棄改變波克夏·海瑟威公司的努力。為了盡快使這項大的投資實現盈利，巴菲特要求察思對公司存貨和固定資產進行清理。

經過察思的一段清理整頓後，波克夏·海瑟威公司的局面大為改觀。最明顯的特徵是公司的現金狀況也好轉了，這令巴菲特和他的合夥人都高興了起來。

一九六七年時，巴菲特問林沃爾特是否可以在凱威特廣場暫留一下，兩人討論一件事情。這個林沃爾特是國家賠償公司的主要持有者。

事情已經很明顯，巴菲特又開始盯向國家賠償公司了。當然，這並不是一件容易的事。在這之前，巴菲特已經從一位名叫查爾斯·海德的奧馬哈經紀人那裡知道，要想說服林沃爾特放棄國家保險公司絕非一件易事。

　　然而，巴菲特認準的事情，就會一幹到底。和林沃爾特溝通時，林沃爾特並不是十分熱情，巴菲特只好說只需占用他十五分鐘的時間。

　　後來，在林沃爾特的回憶錄《國家賠償公司及創始人逸事》中有這樣一段記錄：

　　巴菲特開門見山地說：「你為何從未想過要賣掉你的公司？」

　　林沃爾特回答道：「也許只有惡棍和破產的人才會想要它。」

　　巴菲特問：「還有其他原因嗎？」

　　林沃爾特說：「我不想讓別的股東得到的每股收益比自己低。」

　　巴菲特繼續追問：「別的呢？」

　　林沃爾特回答道：「我也不願讓我的僱員丟掉飯碗。」

　　「別的呢？」

　　「我想讓它在奧馬哈持續經營下去。」

　　「別的呢？」

　　「理由還不夠多嗎？」

　　「你的股票價值多少？」巴菲特切入正題問道。

　　「市場價每股三十三美元，但股票本身每股值五十美元。」

　　「我要買下它。」巴菲特說道。

　　最後，經過艱難的談判，巴菲特終於以總成交價格八百六十萬美元，買下了國家賠償公司和國家火災及海運保險公司的全部流通股。

　　此次購買的資金是用波克夏·海瑟威公司賺得的，因此，這是波克夏·海瑟威公司多元化經營的開始，也是他非凡成功故事的開端。

　　當時，很多人都感到很奇怪，為什麼一個紡織工廠想要併購奧馬哈的一家保險公司，這好像有點風馬牛不相及啊！

當然，巴菲特有他自己的考慮。原來，經過認真研究後，巴菲特發現，雖然紡織品行業有一定的利潤，但它更需要廠房和設備投資，這對於急於大筆資金進行投資的巴菲特來說，無疑是不利的。

而保險行業就不同了，保險公司投保人為之提供了穩定的現金流入，保險公司可以用這些現金進行投資，直至有索賠發生。由於索賠發生的不確定性，這就為巴菲特提供了一大筆可供長期使用的資金。

因此，在外界感到不可思議的事，其實對巴菲特來說，得到的不只是兩家運作良好的公司，更是一個良好的籌資平台。此次併購殺入保險業，對於巴菲特這樣的股票投資老手來說，這真是再好不過了。

巴菲特購進這兩家公司時，擁有價值兩千四百七十萬美元的債券和七百二十萬美元的股票投資組合。至一九六九年，僅經過兩年，巴菲特就使這兩家公司債券和股票總值達四千兩百萬美元。

有了充足的資金後，巴菲特的財富增長得更快了。以前波克夏是屬於自己的合夥控股企業，隨著巴菲特合夥人企業的解體，至一九七〇年，巴菲特個人擁有了百分之二十九的波克夏股票，大概有四十七點五萬股，他成為了波克夏最大的股東。

▌積極進行擴張

一九六九年，在華爾街大蕭條前，巴菲特成功地提前退出了，當時他公司的資金已經達到了一億美元。為了應對股票的崩盤，巴菲特把其中的一千七百萬美元投資到股票上，而其他的八千多萬美元被他投資到了證券上。

至一九七二年，購買證券向來要求穩妥的巴菲特又開始活動了。顯然，他從華爾街又嗅到了股票上漲的訊息，就像獵人看到了獵物的蹤影，他又要在股市上一顯身手了。

然而，此時的股市在外人看來，並不是那麼好。當時的美國政治上剛剛經歷過著名的尼克松「水門事件」，彈劾總統成為當時美國人的一個重要話題。

　　而在經濟上，美國經濟出現了明顯的衰退，通貨膨脹也非常嚴重，華爾街的股市上一片蕭條。

　　波克夏保險公司的證券組合價值一點零一億美元，其中只有一千七百萬美元投資於股票，巴菲特把餘下的錢一股腦兒都投到了債券上。但是，他逐漸一步一步回到了遊戲規則中來，這次導致他轉變的催化劑又是華爾街。

　　此時，一九六九年的股市崩潰還讓許多人記憶猶新。在一九六九年的大崩潰中損失慘重的那些投資者、經紀人們，都嚇破了膽，有的還轉入到了其他行業。

　　曾被繁榮後的崩潰嚇壞了的基金管理者們，都紛紛縮回到殼裡。經紀人的報告空洞無物，分析家們都在為人送包裹，那些一九六九年上市的公司眼睜睜地看著自己的股票跌了一半。

　　那些仍然堅守在股市上的資金，此時也變得非常謹慎，他們都選擇把資金投資在那些廣為人知的成長型股票中，如寶麗來、雅芳等成熟穩健的股票。

　　當時，人們還給這些股票起了一個好聽的名字，叫做「漂亮的五十種股票」。在當時普遍流行的觀點中，這些公司有一定穩定性，所以，它們不同於大繁榮時代那些忽高忽低的公司，將會永遠成長下去。因此投資它們無疑是安全的。

　　當然，投資這些公司是安全的。在一九七二年，「漂亮的五十種股票」以天文數字般的八十倍盈利率的價格在市場上交易。於是，在股市一片蕭條的情況下，那些基金紛紛聚集到更安全的股票上來，把這些優秀企業的股票拉得非常高。

　　很明顯，現在再投資所謂的「漂亮的五十種股票」，此時利潤也已經非常有限了。善於出奇制勝的巴菲特自然不屑於追逐那「漂亮的五十種股票」，他要在「漂亮的五十種股票」之外尋找機會。這也是巴菲特從不人云亦云、另闢蹊徑的做事風格。

　　股市的低迷給巴菲特卻帶來了截然不同的反應。他的改變出奇地熟悉卻完全顛倒了方向，就像過去年代裡電影膠片倒放一樣。在大繁榮的年月裡，

他的主意和願望慢慢地乾涸了；但在現時市場沒落的情況下，他卻活蹦亂跳的像一匹小馬駒。

巴菲特一直在尋找低價的股票，至一九七三年，巴菲特身邊的人們發現，巴菲特開始研究各個公司的股票，他這兒抓一把 NPI 公司，那兒抓一把底特律國際橋梁公司，接著是美國卡車、芝星維公司、漢帝哈曼，一大串名單都在巴菲特的視野中徘徊。

當市場下滑時，巴菲特企業名單的數量增加得更快了，考德威爾班克公司、狄恩瑞特公司、國王商場、摩西鞋業公司、福特汽車公司、匹克賽夫公司，這些顯赫的公司的資料，都出現在了巴菲特的面前。

經過認真的研究，巴菲特不斷在尋找著商機，而他本人也處在一種極度的亢奮之中。

有一次，巴菲特與人談話時，他的眼睛眨了眨，「你知道，」他說，「有幾天我起床以後甚至想跳踢踏舞。」

發現了商機後，巴菲特就會果斷出手。那時，巴菲特會拿起電話，訂購股票。

「巴菲特先生，你要諮詢什麼股票？」

「我不要諮詢，」巴菲特略顯興奮地說，「我只想知道有沒有 ×× 公司的股票？」

「有。你打算吃進多少？」

「你們有多少？」

「我們有很多，能吃進五千股嗎？當然還有更多的，一萬股也有的。」

「那就把一萬股通通吃進！」巴菲特果斷地說。

據巴菲特的一個經紀人克利福德·海斯後來回憶說：「巴菲特會每天兩三次，甚至四五次地打電話進來。他以一種引人注目的大呼小叫的方式回答一句最普通的『你好！』，彷彿他無法控制自己喜悅的心情。」

當時，巴菲特在瘋狂地吃進股票。然而，外人感到吃驚的是，巴菲特的股票還在一路下跌。至一九七三年年底，巴菲特的投資組合的市值已經跌至了四千萬美元了。

對此，巴菲特並沒有過分地憂慮。面對朋友的諮詢，他還幽默地調侃道：「幸好我現在經營的不是合夥人企業，如果我不把合夥人企業解散，目前的市值情況可能會令那些合夥人發瘋的。」

至一九七四年，巴菲特的帳面損失更加嚴重了。而用波克夏股票價格來衡量的淨價值跌了一半多，然而這些事實對他的士氣卻沒有任何打擊。

巴菲特的一個朋友後來回憶說：「從巴菲特的談話中來看，他彷彿沒意識到什麼。」

那時巴菲特持有的主要是聯合出版公司股票，這個公司的股票上市時曾經是十美元一股。然而，它卻不斷下滑，在一個月內降至了八美元一股。

然而，巴菲特還在繼續吃進，從一九七四年一月八日那天開始的一百零七天時間裡，他都買了聯合出版公司股票，最低買價達到五美元一股。這個做法自然使人們感到疑惑。

當時的各大刊物都以顯著標題，描述這場前所未有的恐慌。如：《商業週刊》說「從墓地呼嘯而過」、「可怕的崩盤」；《富比士》說「為什麼買股票」，等等。

此時的美國在全球勢力範圍內也處於衰退之中：在石油輸出國家組織成功業績的激勵下，第三世界國家正在組建同業聯盟；經濟學家們認為美國黃金時代的發展到頭了。

華爾街也被國家的陰沉氣氛所籠罩，「漂亮的五十種股票」也在不斷下跌，全錄從一百七十一美元跌至四十九美元。

股票的一路走低，為巴菲特繼續吃進股票提供了條件。經過這一輪的吃進以後，巴菲特的財富王國裡變得豐富起來，紡織、保險、糖果、零售、銀行、

出版等多種行業都加入了進來，這些低價位吃進的股票，為巴菲特後來的發展壯大提供了條件。

這實在是一個股票亂世，但也只有現在才是出英雄人物的理想時機，可惜並不是所有人都有這種膽識和毅力來做英雄。

九月份，葛拉漢從他的退休生活中重新露面，勸告證券分析家們認識到所謂的「價值復興」。他語重心長地提醒道：「投資，並不要求天才。它所需要的是：第一，適當的智慧；第二，良好的經營原則；第三，也是最重要的一點，是頑強不屈的性格。」

也就在這個時候，一九七四年十月初，巴菲特生平第一次對股票市場做了公開的預測，他接受了《富比士》對他的採訪。

「您對當前股市有什麼感想？」記者問他。

「現在是該投資的時候了！」巴菲特說。

「什麼？現在嗎？」記者吃驚地問。

「不錯，現在是華爾街少有的幾個時期之一：美利堅正在被拋棄，沒人想要它。」巴菲特鎮靜地重申了自己的反應，「當別人害怕時，你要變得貪婪。」

他熱情地表示：「我把投資業稱為世界上最偉大的商業，因為你永遠不必改變態度。你只需站在本壘上，投手扔來了四十七美元的通用股票、三十九美元的美國鋼鐵公司股票！沒有懲罰，只有機會的喪失。你整日等待著你喜歡的投球，然後趁外場投手打瞌睡的時候，大邁一步將球去丟向空中。」

他曾在一九六九年洗手不幹，但是現在，正當市場處於低潮時，他又繫好了釘鞋，豎起了球拍，準備出擊了。

巴菲特又回來了！現在是該投資的時候了！

巴菲特的大兒子豪伊認為他的父親是自己所認識的人中第二聰明的，在他看來，最富有智慧的是他父親在西海岸的朋友查理·孟格。孟格是巴菲特的共鳴板。只有孟格，巴菲特才會讓他走進自己的帳篷。

巴菲特總是一副歡快的樣子，而他的這位洛杉磯夥伴卻很冷峻。他沒有巴菲特那種輕鬆優雅，常常連再見都懶得說，喜歡在對什麼事作出結論後就馬上從椅子上站起身並走得無影無蹤。

在許多次收購活動中，巴菲特都用孟格做他的律師，但他們的事業卻是彼此分開的。巴菲特曾勸孟格：「老兄，你的才智用在法律上太可惜了，加入我的波克夏吧！」

孟格卻總是一聳肩，輕快地回答：「算了吧，那我自己的公司怎麼辦？」事實上，自從一九六〇年代起，他就一直經營著一家投資合夥企業。

但他們職業上的聯繫卻不可避免地發生了。他們每人都各自獨立地在洛杉磯公司買進一種叫藍籌印花的股票。巴菲特為自己買了一點，也為波克夏公司買了一點。至一九七〇年代初，巴菲特成為藍籌股票的最大擁有者，而孟格則位居第二。

藍籌公司從分發贈券的超級市場收取費用，然後用「免費」的烤箱、草地椅等東西來換取這些贈券。巴菲特對烤箱沒有任何興趣，他感興趣的只是錢。而藍籌的「利潤」——也就是出售給零售商的那些贈券，每年達到一點二億美元。於是巴菲特又多了一個貨幣儲備來源。他和孟格雙雙加入了藍籌的董事會，並接管了投資委員會。

一九七一年，巴菲特和孟格遇上了一椿好生意。

羅伯特·弗萊厄蒂是藍籌公司的一位投資顧問，他得知加州最主要的巧克力連鎖店喜詩糖果店將要出售。藍籌公司的一位決策者威廉·拉姆齊也很有意思要買下它。兩人在辦公室打電話給正在奧馬哈家中的巴菲特，講述了這件事情。

「哦，什麼，」巴菲特說，「糖果生意！我覺得我們並不想做糖果生意。」話音剛落，他就掛上了電話。

拉姆齊聽到他這番話後，心煩意亂地在屋子裡踱來踱去等著再接通巴菲特的電話。每一分鐘都過得那樣漫長。祕書在慌亂之中錯撥到巴菲特的辦公室，那兒沒人應答。

約莫三四分鐘後，他們終於找到了他。他們還沒來得及說話，巴菲特就說：「我正在看它的數字呢。好吧，我願意出個價買它。」

他隨即打電話給孟格商量這件事，說：「你知道，也許產自法國八英畝葡萄園裡的葡萄的確是全世界最棒的，但我總是懷疑其中百分之四是說出來的，而只有百分之一是喝出來的。」

「你這是什麼意思？」孟格乾脆地問。

「我的意思是說，加州愛吃巧克力的人們都樂意為公司的糖果多付一些錢的。」

「你再把那些數字給我念一下。」孟格說。

巴菲特照辦。孟格沉默了一下，說：「帳面價值不大嘛！他們開價多少？」

「三千萬美元。」巴菲特回答，「但我覺得兩千五百萬美元已經足夠了。」

「不錯，我也這麼想，買入價不能高過兩千五百萬美元。」孟格響應了巴菲特的意見。

他們真是非常走運，儘管價格相差很大，但由於無人競爭，公司回電話答應了兩千五百萬美元的價格，這是巴菲特迄今為止做的最大的一項投資。

▌選擇合作雙贏

在商業戰場拚殺，相互競爭無疑是非常普遍的，但競爭有時會帶來很多負面的東西。在很多情況下，只有與別人開展合作才能取得更大的共贏，而共贏的前提就需要讓人放心。

巴菲特作為一個具有超凡經營意識的投資者，自然明白這些，在對《華盛頓郵報》和可口可樂的投資上，巴菲特就充分利用了這一原則：讓人放心。

巴菲特喜歡報紙，他的一生都與報紙有緣，兒童時期，他就曾做過幾年的報童。歷史也許有許多巧合，巴菲特做報童時就曾賣過《華盛頓郵報》，多年以後，沒想到自己竟成為了這家報紙的股東。

《華盛頓郵報》於一八七七年由斯蒂爾森·哈欽斯創辦，它是美國華盛頓哥倫比亞特區最大、最老的報紙。一九七〇年代初，透過揭露水門事件和迫使理查·尼克松總統辭職，《華盛頓郵報》獲得了國際威望。

當時的華盛頓郵報公司是一家綜合性媒體，包括報紙、電視廣播、有線電視系統和雜誌。一九七三年，華盛頓郵報公司的上市總值為八千萬美元。

而經過認真調查後，巴菲特估計華盛頓郵報公司的實際價值有四五億美元。

即便這樣，巴菲特還是給自己定下一個原則，要在郵報市場價格少於其總實質價值的四分之一時才買入。不論情況如何，他都將在公司價格大大低於它的實質價格時才毫不猶豫地買進。這個策略符合老師葛拉漢的教誨：低價買進才會保證有安全性。

從一九七三年二月開始，巴菲特開始逐漸吃進華盛頓郵報公司的股票。

華爾街股市的蕭條，無疑給巴菲特吃進華盛頓郵報公司股票提供了便利。至當年的十月，巴菲特已經成功買進華盛頓郵報公司股票的七萬股，成為了這家公司的最大外部投資者。

巴菲特對華盛頓郵報公司股票的購買雖然進行得很低調，但是後來華盛頓郵報公司的女董事長凱薩琳·葛拉漢還是知道了。

看到一個非家族成員擁有華盛頓郵報公司這麼多股票，凱薩琳未免心存顧忌。即使巴菲特沒有控制權，但對她來說這也是不安全的。

此時，巴菲特明白，他需要讓凱薩琳確信他的購買純粹是投資行為。為了讓她放心，巴菲特決定親自去拜訪一下這位華盛頓的女富豪。

在給凱薩琳寄去一封友善的信後，巴菲特穿著一身樸素的衣服，來到了華盛頓凱薩琳那富麗堂皇的豪宅。

看到巴菲特的著裝，凱薩琳微笑著說：「巴菲特先生，你為什麼喜歡穿這樣的衣服呢？」

巴菲特微笑了一下說：「倒不是我非常喜歡這種著裝，好像許多人都要找我衣服的荏兒，我為了滿足大家的願望，所以才穿了這件衣服。」

凱薩琳準備的宴會開始了，各種豐盛的美食、香檳都擺了上來。然而，在宴會上巴菲特只是喝那相對廉價的百事可樂。

整個社交界都很興奮，因為不管就餐時在座的人穿得多麼高雅莊重，巴菲特先生總是只喝百事可樂。凱薩琳生日聚會那天，許多大人物們聚在一起用餐。出版商兼文學鑑賞家麥爾考姆在高潮中起身，用銀勺輕輕敲了幾下盤子，人們立刻安靜下來，靜候他的發言。

「各位，」麥爾考姆拿出一瓶澄澈瑩碧的葡萄酒，大聲宣布，「這是凱薩琳出生那年裝瓶入窖的，讓我們共同分享這份生之喜悅。」

「嘩……」掌聲立刻響起，人們頻頻點頭，準備品嚐這瓶他花大價錢買來的上好佳釀。

當侍者走到巴菲特面前時，這個百事可樂的忠實者用手擋住了杯子。「不用了，謝謝。」他說，「我看我還是省點兒錢吧！」

巴菲特和凱薩琳經歷了很美好的談話時光。巴菲特保證他不再購買華盛頓郵報公司的股票，並書面宣布他希望波克夏能「永久」保持所持有的股票。凱薩琳也就一些財政問題諮詢了巴菲特，發現他是一位很有真知灼見的行家高手。一種友好、輕鬆、坦誠的合夥人關係開始在兩人之間逐漸形成。

巴菲特作為回報，也邀請凱薩琳去自己的海邊渡假屋做客，並特意買了個沙灘椅。

凱薩琳很喜歡巴菲特家的隨意氣氛，但當她和巴菲特躺在沙灘椅上時，卻發現他的幾個孩子一直在周圍打轉，充滿期待地大笑。

她捉住漂亮的女兒，問：「告訴阿姨，你們笑什麼？」

「啊，爸爸為歡迎您買了這些椅子，」女兒心直口快地回答，「可我們還從未見他下過水呢！」

所有人都大笑起來。巴菲特笑得有些發窘，而凱薩琳卻笑得有些感動。

她移過身子誠懇地說：「我希望您有一天能加入董事會。」

「那您還在等什麼呢？」巴菲特也是當仁不讓。

「如果您以後有意見就儘管說，但一定要說得婉轉些，如果衝我大叫大嚷的話，我寧願去上吊！」凱薩琳半開玩笑半認真地重申了自己的權威地位。巴菲特拍拍她的手，示意她根本不需要說這番話。

巴菲特參加宴會的事，在華盛頓傳開了。頓時在整個華盛頓的上流社會，都在流傳著巴菲特這個「鄉巴佬」的幽默故事。

當然，巴菲特關注的不是這些。透過這次和凱薩琳的見面，他告訴這位控制著華盛頓郵報公司的女富豪：「我只是一個投資者，我的興趣在於賺錢。而我對公司的管理絕對沒有興趣。」

一九七四年秋天，巴菲特成為華盛頓郵報公司的一名董事，他是第一個自己帶著椅子坐到桌子旁邊的人。他在董事會議上很少說話，但偶爾也會插上幾句。

在一次會議上，一位致力於尋找投資新領域的工商管理碩士對每位消費者在傳媒和娛樂工業部門的花費作了一番概述。他指出，家庭娛樂的數目達到了五十億美元。

巴菲特抬起濃濃的眉毛足有三吋之高。「五十億美元，這個數字很有意思，」他說，「這意味著美國如果有兩千萬十多歲青少年的話，那麼每人每月都要在錄影上花費二十美元。」這就是他腦子運轉的方式——用數字來說話。不用說，華盛頓郵報公司沒有涉足於錄影業。

　　與此同時，巴菲特也成為凱薩琳的私人教師。每次他去華盛頓總會帶上一大堆年度報表，然後教她一行一行地閱讀它們。

　　一天，巴菲特送給她一張迪士尼報告的封底圖片，上面畫著一個小孩熟睡在嬰兒車中，旁邊寫著：「這是讀第二十份年度報告後的你。」

　　凱薩琳開始公開引用巴菲特的原話和大量財務術語。回答職員提議時，她常說：「有意思——我們去問問華倫吧！」有些同事認為巴菲特在操縱她，但凱薩琳覺得和他在一起很有意義。他並不告訴她要做些什麼，而只是提出建議和勸告，越瞭解巴菲特，就會越喜歡他。

　　實際上，巴菲特總是盡量小心地不明確表態，而是促使凱薩琳變得更自主一些。「華倫，你來一趟華盛頓好嗎？」一次，凱薩琳又給他打電話，「我想讓你參加一項談判。」

　　「什麼內容？」

　　「我想把華盛頓郵報公司在華盛頓的電視台加一筆錢，換成底特律的一家電視台。」

　　「不行，」巴菲特說，「你自己去談判。」

　　「那好吧，我們給多少價？」凱薩琳問。

　　「不知道。你自己想，你能想得出來。」

　　從某種意義上說，這種方法更有效一些。正如老師充分信任一名學生，那麼誠摯的學生絕不會辜負他。

　　巴菲特的出現給不是很擅長財務管理的凱薩琳撐了腰，再沒有人敢輕易欺騙這位富有的寡婦；而凱薩琳也把他當作自己「最貼心的朋友」，無論是個人事宜還是商務大事，都很信賴他。一種叫做「友誼」的東西開始成長起來。

　　有一次，巴菲特邀請凱薩琳去奧馬哈參觀。他知道她根本不知道奧馬哈在哪裡，便決定開開她的玩笑。登上飛機以後，他叫她畫一張美國地圖，標

出奧馬哈的位置。這張地圖簡直糟糕透頂，他想搶過來留下作個紀念，但凱薩琳手腳很快，一把就把它撕成了碎片。

還有一次，他們到拉瓜迪亞之後，凱薩琳急著要打電話，便問他有沒有零點一美元。巴菲特在口袋裡摸出零點二五美元硬幣，和其他百萬富翁一樣，他捨不得浪費零點一五美元，於是就跑出去想換成零錢。氣得凱薩琳在身後跺腳大叫：「華倫，快把那零點二五美元給我！」

為了讓凱薩琳放心，巴菲特還建議全權委託凱薩琳的兒子代理自己行使股票權。

巴菲特的努力終於使凱薩琳消除了疑慮。在這種情況下，凱薩琳放心地邀請巴菲特加入董事會，並且很快任命他為董事會財務委員會主席。

在以後的日子裡，巴菲特在華盛頓郵報公司發揮了重要的作用，更重要的是他教會了凱薩琳如何運作一家成功的企業。

當然，更為重要的是巴菲特透過華盛頓郵報，確實賺到了很多錢。一九七三到一九九三年，巴菲特對華盛頓郵報公司的投資數額由一千萬美元上升至四點四億美元。

而華盛頓郵報公司給巴菲特的回報則更高。當巴菲特購買華盛頓郵報的時候，它的股東權益報酬率是百分之十五點七，只略高於斯坦普工業指數的平均股東權益報酬率。

但至一九七八年，華盛頓郵報公司的股東權益報酬率就增加了一倍，是當時斯坦普工業指數平均股東權益報酬率的兩倍，比一般報社高出約百分之五十。

在以後的十年間，華盛頓郵報公司一直維持著它的領先地位。至一九八〇年代末，華盛頓郵報公司的股東權益報酬率更達到了百分之三十六點三。

快速發展的背後，自然也讓巴菲特的投資達到了預期的目的。一九七五到一九九一年，華盛頓郵報公司賺取的現金，比轉投資於本業所需資金多出許多。

面臨將盈餘還給股東還是運用到新的投資機會的選擇時，巴菲特傾向回饋給股東，其做法是大量購入郵報公司的股票，以每股六十美元的價格，購入了百分之四十三的股份。

統計資料表明，從一九七三到一九九二年的二十年的時間中，華盛頓郵報公司為它的業主賺了十七點五五億美元，從這些盈餘中撥給股東二點九九億美元，然後保留十四點五六億美元，轉投資於公司本身。其市值也從當年的八千萬美元，上漲至二十七點一億美元，市值上升了二十六點三億美元。

一九九〇年，華盛頓郵報公司將每年給股東的股息由一點八四美元增加至四美元，增加了百分之一百一十七。這樣，無論是賣出該股票或繼續持有該股票的投資者，都由此獲得了豐厚的回報。

華盛頓郵報的高額回報，再一次證明巴菲特認為「一份強勢報紙的經濟實力是無與倫比的，也是世界上最強勢的經濟力量之一」的看法是符合實際的。

巴菲特加入華盛頓郵報公司董事會後不久，重新又對另一個老牌公司產生了興趣。

巴菲特從哥倫比亞坐火車來到華盛頓，敲開 GEICO 的門時，它還只是一家小公司。在隨後幾年中，它迅速成長。洛里默·戴維斯這位曾在多年前的那個週六耐心傾聽巴菲特提出問題的人，已經晉升為總裁，而 GEICO 也一躍成為全國最大的汽車保險商。

但一九七〇年代初戴維斯退位後，GEICO 的新管理層出現嚴重失誤。至一九七六年初，它宣布前一年份的虧損額達到驚人的一點二六億美元。一九七四年時的股票曾創下每股四十二美元的紀錄，而如今跌到了四美元。

　　與此同時，GEICO 的原主席、巴菲特的老師班傑明·葛拉漢，度過了自己八十大壽的慶典，過著一種寧靜樸素的生活。

　　一個寧靜的冬日，巴菲特敲開了葛拉漢的家門。許多年不見，昔日沉穩睿智的老師與青春熱情的學生都已讓歲月改變了模樣，成為白髮蒼蒼的老翁與名動天下的投資家。兩雙手穿越時光，緊緊地握在了一起。

　　他們一起暢談過去的物是人非，真是感慨萬千。巴菲特轉入正題，很恭敬地說：「謝謝您給我資格和機會與您一起合著《聰明的投資人》的合訂版，但我想放棄合著者的身分，只願意做一名『合作者』。」

　　「為什麼呢？」葛拉漢仍保留著師者風範。

　　「這個，」巴菲特沉吟了一下，但仍在老師面前坦誠相告，「我發現我們在一些根本問題上存在著分歧。」

　　「說說看。」老師又在循循善誘。

　　「我希望書中能有部分內容來界定『大型企業』，確定它們的『內在價值』問題。」

　　「可是一般讀者並不需要這點，他們基本上沒有機會像你一樣大手筆地買進。」

　　「您建議一個人投資在股票上的資產額上限為百分之七十五，我倒更樂於在合適價位上押上我所有的賭注。」

　　「並不是別人都像你一樣有足夠的判斷力，適當地保留餘地是必要的。」

　　「我可不想千里迢迢來與您爭鬥，」巴菲特拋開了這個話題，轉問老師，「您近來注意到 GEICO 的動盪了嗎？」

　　「是的，我明白你的意思，我還有些積蓄在 GEICO 的股票裡。」葛拉漢不慌不忙地回答。

「您知道嗎?」巴菲特的眼神變得溫暖起來,「自我很久以前售出GEICO 的股票後,我心裡一直有個心願,我想大規模地重新投資於這個公司,就像對華盛頓郵報公司一樣。」

「在它面臨破產的不安全條件下嗎?」老師的眼神卻依舊銳利與理性。

「它目前是陷入了一場大麻煩,但如果管理能得到改良的話,這將是一個機會。」

巴菲特向前挪了一下身子,重又像當年一樣熱切地凝望著老師。「更重要的是,我想跟隨您的腳步,拯救您的公司。」

「太多愁善感!太英雄主義!」老師下了評語,但他的眼神也溫暖起來,拍拍巴菲特的肩,老人說:「去幹吧,孩子,謝謝你!」

一九七六年四月,GEICO 舉行年度會議,四百名股東解僱了原總裁,精力充沛的約翰·丁·伯恩取代了他的位置。

伯恩在全國範圍內關閉了一百家辦公機構,裁員將近一半之多,但仍無濟於事。現在 GEICO 的財產值跌至了最低點,只值兩美元一股了。這個一度不可征服的公司正面臨著成為保險業有史以來最慘痛失敗者的危險。

巴菲特決定出手了。

遵照他的意思,凱薩琳給伯恩打電話說:「伯恩,有位貴賓想見見你。」

「我現在沒空,讓他另找時間吧!」忙得焦頭爛額的伯恩沒好氣地回答。

時過不久,伯恩又接到 GEICO 原總裁戴維斯的電話:「伯恩,你是不是怠慢了華倫·巴菲特啊?」

「我?沒有哇!」伯恩有些莫名其妙,但突然省悟到什麼,「等等,剛才凱薩琳來電說有人想見我,被我拒絕了。」

電話那頭沉默了一下,戴維斯隨即大聲咆哮起來:「你這頭蠢驢!快到他那兒去一趟。」

七月的夏夜，在凱薩琳家的豪宅中，巴菲特與伯恩長談了數小時，他對GEICO 的現狀有了充分瞭解，也對伯恩的魄力留下了深刻印象。臨別前，他握著伯恩的手說：「GEICO 是一個正在度過一段困難時期的偉大企業，暴風雨總會過去的。」

伯恩也心領神會地表示：「我會記住您這番話的。」他已經在長談中看到了希望的曙光。

伯恩離開後數小時，巴菲特就起床給自己的經紀人打電話，指示他以兩美元的價位買進五十萬股 GEICO，並說隨時都準備「買它幾百萬股」。

在華盛頓郵報公司年度董事會上，他更是洩露出消息：「我剛剛投資了一家也許會破產的企業，也許不到下週，所有投資都會化為泡影。」但一旦開始，巴菲特絕對不會中途停下，波克夏很快就在 GEICO 上投資了四百多萬美元。

但 GEICO 遠未脫離危險，它必須籌集到新的資本。伯恩跑遍了華爾街上的八家公司，都遭到了拒絕。他極度沮喪地回到了當時還是個小公司的所羅門兄弟公司。

伯恩坐定以後，所羅門總裁古特弗倫德拿開嘴裡叼著的雪茄，衝他很不高興地冷笑一下，「不知道有誰會買你兜售的這種該死的再保險協議。」他說。

伯恩心平氣和地回答：「你對自己所說的該死的東西一無所知。」

他表現出的男子漢氣概給古特弗倫德留下了深刻印象。他立即要求自己的分析家研究了 GEICO 股票，聽到巴菲特投資的消息後，他就更加安心了。

八月份，所羅門兄弟公司同意替 GEICO 承銷價值七千六百萬美元的優先股，並發行成功，巴菲特一個人就買下了百分之二十五的股份，相當於波克夏兩千三百萬美元的投資。

短短六個月時間裡，GEICO 就上升至八美元，達到原來的四倍。隨後幾年內，波克夏把佔有率翻了一番，從而使巴菲特成為具有控制權的投資者。

不久，伯恩興沖沖地來見巴菲特，按捺不住內心的喜悅：「華倫，有人投標想收購 GEICO，是全球前五百名企業中的一個。我們該怎麼辦？」

「你自己做主好了。」巴菲特不動聲色地說。

「哦，拜託了，你可以完全告訴我怎麼辦嗎？」伯恩真是拿他沒辦法。

巴菲特仍是什麼都不說。他拍拍伯恩：「走吧，我答應過陪你去參加紐約夜市交易會，再不走就遲到了。」

交易會上熱鬧非凡，許多金融界與商界的大人物們都前來參加。

「嗨，華倫，」那位投標 GEICO 的企業家熱情地拉住了巴菲特，「咱們得談談，我聽說你在 GEICO 裡有控股權。」

「那你可就找錯了談話對象。」巴菲特把伯恩推到了身前，「他才是你們該找的人。」便轉身離去了。

不一會兒，滿面焦急的伯恩在人群中終於找到了正滿臉笑容與人應酬的巴菲特。他把巴菲特拉到一邊，小聲懇求道：「你就在我耳朵邊悄悄說個價格嘛！」結果巴菲特還是保持緘默。

曲終人散，巴菲特看到了一臉沮喪的伯恩。伯恩做了個苦相，說：「談崩了，他們嫌價高。」

「這就對了！」巴菲特終於綻開了笑容，「GEICO 的好日子還在後頭呢，幹嘛要賣掉它！」

「可你先前為什麼不明確反對！」伯恩很驚訝。

「因為我信任你，你有權決定一切。」

伯恩覺得心底湧起一股暖流，但還是忍不住嘆了口氣：「我說華倫，要想知道你腦子裡究竟想什麼，實在是一件很困難的事。」

一九七六年九月，GEICO 尚未完全脫離困境，葛拉漢就在法國的家中逝世了，享年八十二歲。許多年後，當伯恩接受傳記作家採訪，談到自己的事

業時，伯恩帶著明顯的喜悅說：「我最成功的事情是選對了英雄人物，它都來自於葛拉漢！」

一九七六年聖誕前夜，華盛頓郵報公司總部裡彩燈閃閃，人聲鼎沸，這裡正在舉行傳統的聖誕晚會。

巴菲特拿著他的百事可樂，和大家隨意閒聊著。突然，他注意到幾位主管領著一位膚色黑黑的客人躲進了一個房間。「凱薩琳，」他拉住正路過身邊的朋友，「那是誰？」

「啊，是文森特·麥奴，一位報業經紀人。」凱薩琳看了一眼，回答說，「他想說服我們投標購買《布法羅新聞晚報》。」

巴菲特的耳朵一下豎了起來，他問：「你對這生意有興趣嗎？」

「布法羅只是一個又舊又冷、滿是鐵鏽的鋼鐵城，這家晚報又沒有週日版，倒有十三個工會。」凱薩琳沒直接回答，聳聳肩，搖搖頭。

「開價多少？」巴菲特關切地問。

「四千萬美元。不過沒人特別感興趣，麥奴已經降到了三千五百萬美元。」凱薩琳突然有所領悟，她笑著問：「華倫，你莫不是對此感興趣了吧？」

「哎，凱薩琳，如果你不買的話，我可就不客氣了。」巴菲特果然表明了立場。

經紀人麥奴不久就接到了巴菲特的電話。

「你星期天工作嗎？」巴菲特問。

麥奴說：「這要緊嗎？」

「我想你可能在乎。」

一九七七年新年過後的第一個星期天，巴菲特和孟格來到了麥奴家中。他們在麥奴的俱樂部吃飯，被火烘得暖洋洋的。當他們回到住所時，巴菲特提起了購買事宜，他代表藍籌公司出價三千萬美元。

「不行，太低了。」麥奴不同意。

「三千兩百萬美元。」巴菲特提高了價格，但麥奴還是搖搖頭。

「我想提醒你一九七六年《布法羅新聞晚報》的稅前收益只有一百七十萬美元。」孟格向來在談判中唱紅臉。

「我也想提醒你，《布法羅新聞晚報》的日發行量是它的競爭對手的兩倍，廣告額要多出百分之七十五。」麥奴的態度也很強硬。

巴菲特止住孟格，拉著他一起離開了那個房間。過了一會兒，兩人一前一後地回來，孟格一句話沒說，只在一張黃色法律用紙上龍飛鳳舞地寫下了正式出價：三千兩百五十萬美元。

「差不多了。」麥奴點了頭。

合約很快簽訂，這是他們迄今為止最大的一筆交易。

巴菲特和孟格立刻飛抵布法羅，考察報紙情況。他們發現競爭對手《信使快報》的發行量與晚報之比為一比四，但能靠近萬份的週日版來維持平衡。

「這種平衡狀態應該打破，沒有週日版，《布法羅新聞晚報》會失去統治地位，而且可能會逐漸走下坡路。」孟格直率地說。

「不錯。蘇珊常說她不介意我是全國倒數第二個理平頭的，但我要是成了倒數第一，她可受不了。」

巴菲特幽默地對朋友咧咧嘴說：「我想咱們在布法羅的下一步行動是很明白的。」

不久，巴菲特就以董事長的身分開始籌劃晚報的週日版，領導手下絞盡腦汁地設計方案，並樂在其中。但是布法羅人擔心當地蕭條的經濟狀況經不起兩家報紙的殊死搏鬥，紛紛預言總有一家報紙會被擠垮。

《信使快報》也明白這一點，發起了驚人的攻擊。它控告《布法羅新聞晚報》有壟斷意圖，要求禁止它的週日版在十一月十三日的首次發行。

一九七七年十一月四日，來自伊利湖的暴雨即將來臨的時候，巴菲特站到了聯邦法庭上。他神情泰然，衣服皺巴巴的，怎麼看也不像個富翁。

　　整個長廊上擠滿了《信使快報》的僱員和他們的家人，等待著決定他們生計那一刻的到來。對他們來說，這個來自奧馬哈的百萬富翁是條毒蛇。

　　控方律師發起了猛烈進攻，巴菲特則平靜地回答他的問題，小心翼翼地避開種種圈套。他只是不動聲色地提供事實，什麼也不能激怒他。

　　「你為什麼要學《信使快報》發行週日版？」

　　「你們都覺得《信使快報》已經發行許多年頭了，獨此一家，可人們的習慣力量是很強的。每天早上我刮鬍子都先刮同一邊，穿鞋都先穿某隻腳。人是習慣性的動物，他們多年來使用的產品是有很大優勢的。」

　　「那麼你是否想過出版週日版可能使《信使快報》停業？」

　　「沒有。」

　　「從來沒有嗎？」

　　「我想《信使快報》的日子還長著呢！」

　　控方律師終於讓對手上鉤了。他走向審判席，手裡揮舞著一份最近《華爾街日報》上關於巴菲特文章的複印件，大聲朗讀了其中一段，證明巴菲特其實一直有壟斷報紙的念頭。

　　「華倫把擁有一家壟斷的或主導市場的報紙比作擁有一座不受約束的收費橋梁，然後可以隨意提高價格，要多高有多高。」

　　這引用的是巴菲特朋友的話。一剎那間，全庭上下交頭接耳，議論紛紛。這個收費橋梁的比喻太形象了，正是他童年的夢想，人人都知道它是怎麼一回事。

　　法官的判決是允許週日報出版，但嚴格限制了它的推銷工作。

　　兩家報紙全力展開了古老的新聞戰，但在爭奪星期天霸權的戰鬥上，晚報由於這場官司蒙受了巨大的經濟損失。一九七八年《信使快報》每個週日都比《布法羅新聞晚報》多發行十萬份。這一年，《布法羅新聞晚報》的稅前損失達兩百九十萬美元。

　　一九七九年，紐約聯邦法庭推翻了對《布法羅新聞晚報》的禁令和歧視訴訟，還巴菲特以清白。但在此期間，明尼波利斯之星暨論壇報業公司買下了《信使快報》，《布法羅新聞晚報》又面臨著對抗另一位外地大富豪的持久戰。這一年，《布法羅新聞晚報》創紀錄地損失了四百四十萬美元，這是巴菲特和孟格遭受的第一次大損失。

　　但巴菲特並沒有武斷地強令挽回經濟損失，而是全力以赴地進行反擊。「我們力爭比別人有更多的新聞，」他對所有人說，「如果他們有七頁的體育新聞，我們要比他們更多。讓所有的傳統做法見鬼去吧！」

　　他請來《奧馬哈太陽報》的出版商利普西坐鎮布法羅；他頻頻會見大的廣告商和零售商；他支持發行系列版和競爭……總而言之，他做了能做的一切。

　　「華倫，這回我們似乎挖了一個永遠也填不平的坑。」孟格向他抱怨。

　　「沒辦法，我們已經騎虎難下了，只能咬牙堅持下去。」巴菲特鎮定地回答。

　　事實上，由於波克夏·海瑟威公司的股票價格在一九七七年開始反彈，賣到了每股一百三十二美元，巴菲特的資產達到了七千四百萬美元左右，但其中有一半已經投在了《布法羅新聞晚報》上。

　　關鍵時刻，《布法羅新聞晚報》又面臨著與工人的新危機。一九八○年底，送報的卡車司機們要求增加人手以及不工作的時候也拿錢，巴菲特拒絕了他們的要求。那是十二月份的一個星期一晚上。

　　在另一工會負責人希爾調解無效的情況下，星期二早晨六點，司機們開始遊行。在糾察隊的干涉下，報社工作全部停止。《信使快報》大受其益，登出了罷工的聯名呼籲。布法羅到了最可怕的一刻。

　　報紙總編趕到辦公室時，發現巴菲特孤獨地站在窗邊，注視著窗下喧鬧的遊行人群。

「我們得想辦法趕緊復工，否則就得關門大吉了，損失的市場占有率會要了我們的命。」他對著巴菲特的背影焦急地說。

「可一旦我妥協，其他十二個工會也會跟著來。」巴菲特低聲回答。

「現在是我們兩家報紙競爭的緊要關頭，我們不能冒這個險。」總編指出事情的另一關鍵之處。

「所以他們才以為我一定會妥協。」巴菲特慢慢地轉過身，總編發現他面色嚴肅，沒有了往日的笑容。「但我恰恰敢冒這個險。」巴菲特緩緩地說，一顆豆大的汗珠從他額角悄悄淌了下來。

他快步走到辦公桌前，撥通了工會談判代表的電話，一字一頓地表明了自己最後的立場：「如果報紙不出版，我就不發工資，並解僱全體員工。如果司機們影響了最重要的週日版工作，我寧可取消週日版！」

電話那頭的人一字不漏地轉達了巴菲特的話，他「言必信，行必果」的一貫作風讓所有人都感受到這番話的份量。

「不管你們要爭取什麼，都別做得太過火了。」其他工會領導人提出了善意的勸告。司機們體面地讓步了。

星期二下午，大街小巷上又看到了《布法羅新聞晚報》。

五年後，巴菲特買下該報後的稅前損失已達一千兩百萬美元。布法羅盛傳著會有一家報紙倒閉的消息，問題在於是誰先熬不住。

一九八二年九月，《信使快報》倒閉了。《信使快報》關門的那一天，《布法羅新聞晚報》改名為《布法羅晚報》並開始發行晨報。六個月內，它的發行量就增至三十六萬份，充分顯示了它劫後餘生的讀者率和壟斷地位。

報社在無競爭的第一年的稅前盈利就達到一千九百萬美元。至一九八〇年代後期，該報年盈利為四千萬美元，比巴菲特在藍籌公司和波克夏公司的總投資還要多。巴菲特的循環投資正在變得越來越強勁有力。

一九七〇年代後期，巴菲特陸續搞了一批投資。當股市疲軟時，他興致勃勃地用波克夏保險公司的大量流動資金來買股票，而且是大批買進。有關巴菲特買某種股票的消息能使股價立刻上漲百分之十。

一次，他的股票經紀人闖進辦公室，氣惱地向他抱怨：「昨天我們剛剛開始收購『通用食品』，今天它的股價就升得像長了翅膀一樣！」

孟格從卷宗、報表中抬起頭，大聲詛咒道：「這幫狗娘養的又在跟進了。」

「噓！」巴菲特止住他，接起鈴鈴作響的電話：「對，是我！什麼？通用食品？不，我對這支股票沒什麼興趣。現在股市低迷，我不會輕易買進的。」

掛上電話，他輕鬆地坐進轉椅：「著什麼急？我們需要的只是耐心等一等，等別人都拋出，股價回落時再重新購買好了。」

多數人不可強求的股票就不要理它，而一旦看中某種股票就義無反顧地買下。巴菲特自己就是這麼幹的。在買下大都會公司後，他有整整三年沒買過一股股票。但當他盯上可口可樂後，他拿出了波克夏公司市場價值的四分之一左右。

巴菲特有一次去商學院講課，學生們紛紛追問他投資的祕訣，可當他詳細講解了這種原則後，又沒有人真的肯相信和身體力行。

「巴菲特先生，你能做到這些是因為你有過人的天賦，可我們只是普通人啊！」一名學生這樣抱怨道。

「那你就錯了。這不需要正式的教育，也不需要高智商，要緊的是氣魄。」巴菲特回答。

「讓我們來做一個小遊戲吧，」他說，「如果你們每個人都可以得到班上某位同學將來收入的百分之十，你們願意選誰呢？請你們隨便挑選，並寫下選擇的理由。」

學生們立刻興奮起來，一陣忙亂後，答案都彙集到巴菲特手中。他大聲念出被選中率最高的幾位同學的名字，微笑著問：「這些人是你們班上最聰明的嗎？」

「不是。」學生們不約而同地搖搖頭。

「那麼你們為什麼選他們呢？」巴菲特此時極像當年葛拉漢那樣循循善誘。

學生們靜默了，每個人都在想著這個問題。

巴菲特按了按那一疊答案，說：「我總結了一下，發現你們的理由大多集中在下面幾點上：忠誠、有活力、有原則、有頭腦。」

「而最要緊的是對自己判斷的信心，這樣才能保持冷靜，免得亂了手腳，」巴菲特結合自己的經驗，總結道，「如果你認識到了某種股票的價值，那麼它下跌的消息就不會引起你的恐慌。」

「那麼你做到這一點了嗎？每次投資前你都完全相信你選中的股票嗎？」另一個學生問道。

巴菲特認真地想了一下，回答：「是的。即使市場連續幾年處在崩潰邊緣，我也為擁有自己的股票而自豪。這並不特別，人們住的房子並沒有每天的報價，可大多數人並不會為擔心它的價值而失眠。好股票就像你住的房子一樣。」

巴菲特做的大多數事情，如年度報告、搞調查，小投資者們也能幹。但他發現很多人卻喜歡把事情弄複雜，要麼想一口吃成個胖子，要麼永遠不吃。

可口可樂是一家享譽世界的飲料公司，世界上一半的碳酸飲料都是由可口可樂公司銷售的，這一銷量是它的勁敵百事可樂公司的三倍。

早在一九五〇年，可口可樂的廣告就上了《時代》雜誌的封面，標題為「世界和朋友」，並畫了滿臉快樂、乾渴難忍的地球正在狂飲可口可樂。

但就在一九八〇年的一天，可口可樂公司的管理人員突然發現有一個神祕的人物，在大規模地吃進公司的股票。當時，美國股市正經歷一段蕭條，

可口可樂的股價比蕭條前減少了百分之二十五。在這種情況下，吃進的數量非常巨大，這令可口可樂公司的董事長戈伊茲亞塔和總經理凱奧警惕起來。

戈伊茲亞塔說：「真是奇怪，這個神祕的人到底是誰？他想幹什麼？」

凱奧也皺起了眉頭，思索這個神祕人物的用意。此時兩人顯然都擔心神祕人物控股公司，可能會給公司的管理層帶來變動，那非常不符合兩人的利益。

凱奧說：「也許我們應該從股票經紀人入手，調查一下這位神祕的人到底是誰？」

很快，股票經紀人的資料擺在了戈伊茲亞塔和凱奧兩位可口可樂高管的面前。看到資料後，戈伊茲亞塔和凱奧得出結論：「他是中西部一帶的人。」

戈伊茲亞塔看著凱奧說：「但中西部誰有這麼大的實力，吃進這麼多可口可樂？」

「華倫·巴菲特！對，一定是他！」凱奧叫了起來，「只有華倫和他的波克夏公司才有如此雄厚的實力。我要立刻給華倫打電話，問他有何企圖。」

其實，說起來，這位可口可樂的總經理凱奧還曾經是巴菲特的老鄰居呢！

戈伊茲亞塔也立刻明白了，並同意了凱奧的舉動。

電話打通了。經過簡單的寒暄後，凱奧迫不及待地問道：「嘿，老夥計，你已經是聞名世界的股神了，怎麼還對我們的可口可樂感興趣？」

「哈哈！」聽了凱奧的話巴菲特大笑了起來，並愉快地說，「我非常喜歡你們的飲料嘛！我可是從五歲起就幫你們銷售過飲料的。」

凱奧雖然笑著聽巴菲特在開玩笑，其實內心已經有些著急了，因為他更為關心巴菲特的真正意圖。於是，凱奧問道：「老朋友，看在多年交往的份上，你給我說句實話吧！你吃進可口可樂的真正意圖是什麼？」

聽到這話，巴菲特嚴肅了起來，因為他明白他的投資行為如果要共贏就需要凱奧等老朋友的支持。「請你放心，也請你轉告戈伊茲亞塔，我只對投資利潤感興趣，對管理公司絕對沒有興趣。」

凱奧放心了，他又問道：「華倫，這麼說你看好可口可樂的股票了？」

「對！在此之前我已經認真研究了你們的可口可樂，我對可口可樂的前景很看好！」巴菲特回答道。

看到凱奧放心了，巴菲特也提出了自己的條件：「老朋友，我消除了你的顧慮，作為交換的條件，你是不是也應該為我做一些事情？」「當然，」凱奧輕鬆地說，「說吧！只要你不對上面說的作出變動，我這個總經理非常樂意為你這位大股東效勞的。說說你的條件吧！」

巴菲特說：「我的條件很簡單，就是在沒有公開前你對我的投資行為保持沉默。」

「一言為定！」凱奧爽快地回答道。

其他投資者對此毫不知情，自然為巴菲特的買進提供了便利。就這樣，巴菲特在凱奧等人的默許下，偷偷地吃進可口可樂公司的股票。

至第二年春天，巴菲特已經對可口可樂公司投進了十點二億美元，買進了可口可樂百分之七的股份，平均價格為十點九六美元一股。

在以後的歲月裡，巴菲特繼續吃進並長期持有可口可樂公司的股票，他自己也坦承自己最喜歡的股票是可口可樂股票，在波克夏公司的諸多股票中，可口可樂的佔有率也是最大的，因為可口可樂為巴菲特帶來了非常多的投資回報。

一九八三年，美國的經濟增長恢復到了正常水平，股市重新復活，華爾街又恢復了昔日的繁榮與興盛。

波克夏持有的股票中，《華盛頓郵報》買進時的中間價為五美元，現在躍至七十三美元；阿弗利亞特買進時為五美元，年底收盤價為三十八美

元;國際公眾廣告公司從百分之六漲至百分之五十二;GEICO則翻了三十九倍……昔日一文不名的波克夏擁有了十三億美元的市場股票。

波克夏公司自己的股票那年也看好。開盤時為七百七十五美元每股,到年底收盤時已漲至一千三百一十美元,巴菲特的身價也因此漲到六點二億美元。用《富比士》的話說,他現在是全國最富的人之一。

在奧馬哈,已經有五十人因為巴菲特而成為百萬富翁,在全國則有好幾百。當他去哥倫比亞商學院講投資學時,有兩百名熱心聽眾被拒之門外,房子已經裝不下了。奧馬哈的一位股票經紀人久慕巴菲特之名而無緣相見,便在妻子即將分娩時,拿了份《財富之王》的複印件給妻子大聲念有關巴菲特的章節,好像要以此胎教來提高未出世兒女的智商。

至一九八六年,波克夏的股價已突破三千美元。在二十一年的時間裡,華倫·巴菲特把一個小紡織廠的碎渣變成了黃金,股票翻了一百六十七倍,而同時期的道瓊只翻了一倍。整條華爾街對他是又敬又怕。當他告訴范妮梅的主席大衛·麥格斯韋說他對他的公司進行了投資時,麥格斯韋激動得想跑到窗前對外大喊:「華倫·巴菲特買了我們的股票!」

《富比士》雜誌稱他為「神話般的英雄」;而頭條新聞的作者們則稱他為「邁達斯」(即希臘神,據說會點石成金術)、「巫師」、「奧馬哈來的智者」和「奧馬哈神」。

到波克夏·海瑟威公司的年度會議時,巴菲特的神話傳說就會達到頂峰。

其他公司的年度會議幾乎連一個股東也吸引不了,因為那是浪費時間。而一九八六年時,來奧馬哈參加會議的股東共有四百五十人,巴菲特不得不租下陵墓般巨大的喬斯林藝術博物館作為會場。股東們從全美各地潮水般湧來,拿著巴菲特的報告,像鳥兒一樣塞滿了奧馬哈。

有一位來自密西西比的財政計劃人梅德利,是巴菲特的忠實信徒。他的妻子吃驚地問他:「你花一千美元到內布拉斯加,只是為了聽人講話?」要知道,梅德利只有一股波克夏公司股票。「我也許是有點兒瘋狂,」他承認,「可你是個忠實的教徒,你常去教堂,巴菲特對我就有這麼大的吸引力。」

梅德利在博物館走廊裡充滿敬畏地見到了巴菲特。這位「奧馬哈神」正在歡迎投資者。他頭髮亂糟糟的，穿著藍色上衣，一條肥大的灰褲子，皮帶眼的地方已經磨薄了，看上去就像一個中學籃球教練。

「嗨，詹姆斯！」巴菲特拍拍一位年輕人的肩，「哦，彌爾頓！」轉過身又擁抱住一位保險商。他熱情洋溢地握住一位錢商的手，「歡迎來奧馬哈，老朋友，怎麼今年居然帶夫人到這裡，來度結婚紀念日嗎？」

他喜歡看到熟悉的面孔——他認識多年的人，因他而富的人，像那個叫道·安格爾的昔日平民，現在已經有了一千五百萬美元。

會議本身就像是一次盛典，大廳裡人頭攢動，笑語喧喧，桌上放著咖啡壺，桶裡裝滿了罐裝可樂——公司的官方飲料。

當巴菲特和孟格走上講台時，人群崇敬地安靜下來。台上放著可樂，像聖餐一樣。「事先聲明，要早走的人只能在孟格發言時走，我說的時候可不行，我會很傷心的。」巴菲特一本正經地作了開場白，引起一陣笑聲。

以後的幾小時內，他們毫無顧忌地談起了年度報告，回答了關於波克夏公司和業務方面的問題。巴菲特的情緒和在場聽眾一樣越來越高，眉毛簡直在腦門上跳起了華爾茲舞，還時不時用個小故事來說明道理，幽默輕鬆，就像在夏日午後與友人閒聊一樣。

「巴菲特先生，您有什麼管理技術可以推薦給我們嗎？」台下有人高聲在問。

「啊，我曾經聽說有一個陌生人想和當地人交朋友，他走到村子的廣場上，看見一位老頭，他小心翼翼地看著老頭腳下的那隻狗問：『你的狗咬人嗎？』」

「老頭說：『不。』」於是他彎腰拍了拍那隻狗，狗撲上去，很熟練地咬下他的袖子。

「陌生人生氣地問老頭：『你不是說你的狗不咬人嗎？』」老頭說：『那不是我的狗。』」

哄堂大笑聲中，巴菲特舉起一個指頭，意味深長地說：「這就是我的技術：問對問題是很重要的。」

「巴菲特先生，我最近想搞一個經紀人保險業務，您有什麼訣竅可以指點於我嗎？」一位千里迢迢飛來的保險商終於搶到了發言的機會。

「我對具體業務可不大在行，不過不知道你喜不喜歡打撲克牌？打牌時總有一個人要倒楣的，如果你環視四周卻看不出誰要倒楣，那倒楣的就是你自己了。」巴菲特的回答很簡單，但含義深刻。

保險商與其他聽眾一起頻頻點頭。不要承擔你不懂的經紀人風險模式——他們都已接受了巴菲特的這份警告。

「最後一個問題，」又一個股東爭得了寶貴的機會，「您的健康狀況一直是我們關心的問題，巴菲特先生。我還想多買一些波克夏公司的股票，但不得不考慮您個人會發生某些事，我可承受不了意外風險！」

巴菲特笑著用雙手止住台下的巴掌聲和口哨，幽默地回答：「我也承受不了。」

與會百分之九十五的股東至少持有股票五年了，其中多數人把積蓄都轉到了這種股票上，這種忠誠在華爾街上是獨一無二的。他們對它如此依戀，簡直到了宗教信仰的地步。

巴菲特就是他們的神。他們仔細注意他的每個手勢，仔細聆聽他的每句話，好像可以把它們拖起來掛在牆上一樣。他們都美滋滋地認為自己也有那麼點榮耀——即使自己不是天才，至少他們發現了天才。

▋邁向財富之巔

一九八七年，春夏兩季，股市正處於牛市全盛期，道瓊指數讓人大開眼界地一路狂漲至兩千七百點，許多人從牛市中大發橫財。儘管波克夏公司股票又創造了新紀錄，即四千兩百七十美元，但巴菲特卻未卜先知似地決定提前退場了。

他靜悄悄地賣掉了大多數股票，甚至一批馬上就要分紅的股票，只保留了「永久」的三種：大都會公司、GEICO、《華盛頓郵報》。他的助手說：「命令很明確，把一切都賣掉。」

這回他的預測準嗎？他的直覺還靈驗嗎？

牛市已經持續五年了。從一九八七年一月一日至八月達到最高點兩千七百二十二點四點，道瓊驚人地增長了百分之四十四，股價達到了歷史上最不穩定的水平——利潤的二十二倍，人人都被沖昏了頭腦。

但現實逐漸揭開了面紗，通貨膨脹的苗頭開始出現，貿易赤字居高不下，美元匯率急遽下降。證券市場從十月初開始向下猛跌。

十月十九日星期一，市場堆滿了出售表。由於三十種道瓊平均工業股票中有十一種在交易開始後一小時內就不能開盤，中午時分，證券保險售出程式自動啟動了。門顯得太少了，不能保證所有人都能擠進股票交易大廳。高聳入雲的股票像做自由落體運動一樣重重地跌了下來。

黃昏時分，恐慌終於發展成了大崩潰。

波士頓投資公司外面等待變賣股票的人排成了長龍；紐約的金融中心則比平常安靜了許多；洛杉磯報紙上刊登著各種「歇斯底里」的消息……人們都待在辦公室裡緊盯著電腦螢幕，「黑色星期一」成了現代社會裡的第一次歷史事件。

它無所不在，並沒有具體的震源中心。大家只知道道瓊跌了五百零八點，或者說是百分之二十二點六。

波克夏公司經過二十二年的辛勤經營，現有資產近五十億美元。在大崩盤發生前一週，它的股票賣到四千兩百三十美元；十六日星期五的收盤價為三千八百九十美元；在瘋狂的星期一，它跌到三千一百七十美元。看上去似乎一切都沒變，可在一週內市場價值就減少了百分之二十五，一代人的成果有四分之一消失了。

　　儘管事先已清空了所有股票，但巴菲特所有的損失還是達到了三點四二億美元。他仍可能是全美為數不多的沒有密切關注經濟崩潰的人之一。

　　他的一名手下驚慌地衝進來，著急地問：「波克夏公司現在怎麼辦，我們是拋還是買？」

　　「買。」巴菲特平靜地給出一個字的簡潔答案，又低頭埋進書中。

　　他像往常一樣在辦公室裡平靜、悠然地讀書、看年度報告，牆上貼著一張關於一九二九年股市大崩潰的報紙。

　　兩天後，巴菲特和研究生同學們一起聚會在威廉斯堡。市場仍在動盪不安，但他們仍然置之不理。

　　「華倫，華倫，」一位財經記者一直纏著巴菲特不放，「對你而言，這次崩潰到底意味著什麼？」

　　「也許是市場升得太高了。」巴菲特輕描淡寫地回答。

　　「可是我聽說你已經成功預見到這個大崩盤，並將自己的損失減低到了最小。」

　　「我不是在預測，」巴菲特認真起來，嚴肅地回答，「我只是遵守了兩條寶貴的規則：一是永遠不要損失；二是永遠不要忘記第一條。」

　　一九八八年十月的一個週日傍晚，巴菲特在奧馬哈家中接到古特弗倫德的電話，他正與所羅門的幾個銀行家待在第五大街的公寓裡。

　　「華倫，好消息！上星期五，雷諾菸草公司的老闆提出讓我單獨收購他的公司。」

　　「哈哈，一筆大交易！」巴菲特不置可否。

　　「可消息一露出去，華爾街的其他銀行也都想插一手。你是所羅門的董事和大股東，你支持我們投標嗎？」

　　「我很早就說過，經營權是屬於你們的。」

　　所羅門的高級投資銀行家接過話筒開始向巴菲特解釋菸草公司的優勢，話筒裡卻傳出巴菲特急促的中西部口音：「別跟我談經濟學。我知道情況很好：你花一分錢生產的產品可以賣到一美元；買主都很有病，他們對這個牌子也情有獨鍾⋯⋯你把電話給古特弗倫德，問他到底還有什麼問題。」

　　古特弗倫德照直說了：「波克夏願意自己出一億美元以普通夥伴的身分參加這筆交易嗎？」

　　「這個——有點兒問題，」巴菲特猶豫了一下，「我不想在菸草業中充當什麼主角或合作夥伴。」

　　幾分鐘時間，協議達成了。巴菲特支持所羅門參與投標，但不想直接參與。

　　但銀行家們不知道，巴菲特討厭菸草業，卻不反感從菸草交易中賺錢。幾天前，他就已經開始大量購進雷諾菸草公司的股票。儘管所羅門最後沒有競買成功，但雷諾菸草公司兩百五十億美元的成交價卻為波克夏公司帶來了豐厚的賺價差，即六千四百萬美元。

　　巴菲特的投資還涉及金融領域，其中購入威爾斯法哥就是一個例子。

　　一九九〇年，威爾斯法哥以每股高價八十六美元上市，由於投資人擔心經濟不景氣會蔓延到西海岸，導致對商業區和住宅區的不動產市場的大量貸款損失。

　　由於威爾斯法哥是加州地區銀行業中擁有最多商業不動產的一家銀行，因而人們紛紛拋售，並有人估控該股，導致股價下跌，威爾斯法哥股票在當年十月的賣控收益高達百分之七十七。

　　在這種情勢下，巴菲特見時機成熟，開始陸續購進威爾斯法哥的股票。幾個月後，波克夏公司已掌握有威爾斯法哥銀行流通在外的百分之十股份，成為該銀行的第一大股東。

巴菲特的介入，導致了圍繞威爾斯法哥銀行股票走勢的一場爭議。在巴菲特一方看來，他介入持股是看好該股，因此，他投入二點八九億美元，為的是它日後的成長。

而在控該股者一方看來，威爾斯法哥是死定了。摩根史坦利公司一位有影響的分析師巴頓認為，威爾斯法哥股價最終會跌到只剩百分之十以上的價格。

當時德州由於能源價格下滑而導致銀行倒閉的事給人們的心理預期蒙上了陰影，喬治·沙勞認為「加州有可能會變成另外一個德州」。弦外之音是對威爾斯法哥的情形不容樂觀。

在貝倫的一位名叫約翰·利西歐的業內人士也表示：「巴菲特無須擔心誰在長期揮霍他的金錢，只要他一直試著去買低谷價位的銀行股。」

很明顯，在當時的議論中，幾乎所有的輿論都看淡威爾斯法哥，甚至有人開始教巴菲特，如何在他最熟悉的行業之一銀行的投資了。

而巴菲特之所以選中威爾斯法哥銀行投資，是有他的道理的，因為他有自己瞭解到的威爾斯法哥訊息，更有對訊息的準確判斷。

巴菲特瞭解到，一九八三年，卡爾·理查出任威爾斯法哥公司董事長，他是一個深具理性兼睿智的人。走馬上任後，理查決心不惜血汗，要把死氣沉沉的銀行來個根本轉變，使之變成能賺錢的大企業。

在理查的努力下，一九八三到一九九〇年的七年間，威爾斯法哥的平均獲利是百分之十三，而且平均股東權益報酬率是百分之十五點二。一九九〇年，威爾斯法哥以五百六十億美元的資產，排名為美國的第十大銀行，充分顯示出了理查的管理水平。

儘管理查尚未著手股票回購或發放特別股利的計劃，就已經使股東們獲利了。

巴菲特在一九九○年買進這家銀行的股權時，該銀行是國內任何主要銀行中，對商業不動產放款最高的銀行，總額高達一百四十五億美元，是它股東權益的五倍。

由於當時加州的經濟不景氣狀況正在惡化，因此，分析師推算銀行的商業放款中，有一大部分將成為呆帳。正因有此預計，才導致了威爾斯法哥股價在一九九○年和一九九一年的下跌。

也就是在當時，美國發生了一件震動金融界的事情，那就是美國聯邦儲貸保險公司的倒閉。此時，金融檢查人員認真地分析了威爾斯法哥銀行的貸款投資組合情況，迫使銀行在一九九一年撥出十三億美元作為呆帳準備，一九九二年度再提列十二億美元作呆帳準備。

因為準備金是每月撥出，投資人開始對每次的提列金額感到緊張。按規定銀行並非一次足額提列放款損失準備金，而是在兩年內慢慢提列，但投資人對於銀行是否能撐到它的放款問題得到解決的時候表示懷疑。

一九九○年，由於巴菲特宣布他擁有威爾斯法哥股權後，股價在一九九一年初明顯上揚，達到九十八美元一股。這為波克夏公司賺取了兩億美元的利潤。

但正如巴菲特事後承認的那樣：「我低估了加州的不景氣和那些公司的不動產問題。」果真在一九九一年六月，當銀行宣布另外一筆放款損失準備的提取時，銀行股票兩天之內下跌十三美元，成為每股七十四美元。

雖然股價在第四季度略有回升，但由於威爾斯法哥必須為它的放款損失再增撥另一筆準備金，這明顯將使盈餘減少，因此到年底，該股以五十八美元一股收盤，這與一九九○年十月波克夏以平均每股五十七點八八美元買進的價位基本持平。

威爾斯法哥銀行一九九○年賺了七點一一億美元，但一九九一年由於提列呆帳準備，只賺了兩千一百萬美元，一九九二年雖然達到二點八三億美元，但仍小於它前兩年的盈利水平。

　　但反過來說，如果加上呆帳準備金，那麼該銀行仍有每年賺進十億美元的盈利能力。

　　巴菲特為波克夏公司建立了一個理性購買模式，他認為：「加州銀行所面對的主要風險是地震，除了危及貸款者，也破壞了借款給他們的銀行，它所面對的第二個主要風險是系統性的，包括一些企業萎縮的可能性或嚴重的財務恐慌，以致不論經營者多麼精明地管理它，它幾乎仍會危及每一個靠高負債運作的組織。」

　　巴菲特的判斷使他覺得發生這兩種重大風險的可能性不高，但他仍然認為：「市場最懼怕的莫過於西岸的不動產值將會下挫，因為房屋興建過剩，而且會造成提供融資擴張的銀行極大的損失。因為威爾斯法哥銀行是不動產貸款的領導業者，它被認為尤其容易因此受到傷害。」這將是一大風險。

　　為此，巴菲特計算出威爾斯法哥銀行每年在支付平均三億美元的貸款損失費用之後，仍賺進十億美元的稅前盈餘。如果四百八十億美元的貸款裡，不只包括商業性的不動產放款，也包含了其他所有銀行放款，其中百分之十是一九九一年的問題放款，並因此產生損失，包括利息損失，平均為放款本金的百分之三十，則威爾斯法哥會達到損益平衡點。

　　但這種情況發生的可能性很低，即使威爾斯法哥一年沒有賺錢，這想法也不會令人沮喪。而波克夏公司的收購或投資方案，是立足在該年未賺取分文，但預期未來它的股東權益可能成長百分之二十的企業。

　　巴菲特收購威爾斯法哥的股權，還有另一條理由是，他信任理查。

　　巴菲特認為自己的眼光沒有錯。一九九二年波克夏公司繼續買進威爾斯法哥銀行股票，使持股增至六百三十萬股，占威爾斯法哥總股本的百分之十一點五，然後又利用自聯邦準備局拿到的清算超額準備金，再買進該銀行股票，使持股增加到百分之二十二。

　　巴菲特的堅持再一次獲得了成功。一九九三年十一月，波克夏公司以每股介於一百零六美元和一百一十美元之間的價格繼續買進該股票。至當年年底收盤，威爾斯法哥的股票已漲到每股一百三十七美元。

這場爭議巴菲特以投資不斷盈利的事實為之畫上句號，也又一次雄辯地證明了他的投資理念和方法是經得起考驗的。即便是大多數人反對和風險降臨，而且幾乎動搖人們信心的時候也是如此。

巴菲特讚賞卡爾理查，表明他挑選銀行投資，是挑選經營者最好的銀行。他說：「我不想吹噓威爾斯法哥的股票或任何事，我只是認為它是真正的好企業，有最好的經營者，價格也合理，通常就是這種情況，投資人可以賺得更多的錢。」

一九九〇年代，巴菲特率領下的波克夏公司大舉收購迅速擴展。在一九九〇年代的收購行動中，不少人對巴菲特收購通用動力公司的股權感到困惑。

原來，這家公司既不具有巴菲特以往認定的被收購公司所應有的特質，甚至也不具有經營良好的歷史記錄，那麼巴菲特為何會作出這項投資決策呢？

美國通用動力公司在全美乃至全世界都是名聲赫赫的企業，它是美國主要的軍事工業基地之一，是美國核潛艇的領導設計者、建造者以及裝甲車輛的製造者，其產品包括美國陸軍的 MIA1 和 MIA2 戰車。

一九九〇年，通用動力公司是僅次於麥道公司的美國國防承包者。它為美國提供飛彈系統、防空系統、太空發射器和戰鬥機。「F-16」當年的銷售總額超過一百億美元。

然而，通用動力公司的輝煌終究有低谷的時候。自一九九〇年代柏林牆倒塌、蘇聯瓦解、東歐易幟後，全球政治經濟態勢發生了很大變化，長期冷戰政策的結束必然引起世界政治經濟格局的變化，而世界第一號軍事強國美國，也面臨軍事工業的重整，也是必然結果之一。

一九九一年，威廉·安德森出任通用動力公司總經理，當時通用動力的股價處於十年來的最低點，即十九美元。

當時，威廉·安德森瞭解由於國防工業面臨的基本形勢的變化，為了企業的生存，他採取了一系列改革步驟。在近半年時間裡，通用動力透過出售非核心部門企業，增加了十二點五億美元現金的收益。

安德森此舉引起華爾街的注意，通用動力的股價也因此上揚了百分之一百一十二。

安德森在充裕的現金基礎上，宣布首先要滿足通用動力的流動資金需要；其次是降低負債以確保財務實力。對於仍然多餘出來的現金，安德森決定為股東造福。

一九九二年七月，依據標購遊戲的規則，通用動力按每股六十五點三七美元至七十二點三五美元之間的價格，回購了它流通在外約百分之三十的股份共一千三百二十萬股。

安德森的這個大膽高明的舉動，引起巴菲特的興趣，他親自打電話給安德森，告訴他自己購買了四百三十萬股通用動力股份。巴菲特說：「我對通用的經營策略有深刻的印象，我買股票是為了想投資。」

兩個月以後，巴菲特又宣布，只要安德森保留有公司的總經理職務，通用動力的董事會將擁有波克夏公司股權所代表的表決權。

巴菲特的這個決定對威廉·安德森來說，不僅使他終生難忘，而且增強了安德森改革的決心。

對於這樣的一個企業，持不同意見的人認為巴菲特的投資決策是否有誤，因為這是一家被政府控制，百分之九十以上業務來自政府機構，而且國防工業市場正在日趨萎縮的企業。通用動力公司只有少得可憐的收益和中下等的股東權益報酬率。除此之外，它未來的現金流量也是不可預知的。

對此，巴菲特是如何想的和做的呢？

一九九三年，巴菲特對此事解釋說：

在購買通用動力股票一事上，我們是幸運的。我直至去年夏季才稍微注意公司的動向。當它宣布公司將透過標購，買回大約百分之三十的股票時，

我就料到會有套利的機會。我開始為波克夏公司買進該公司的股票，希望賺得微薄的利潤。

很明顯，因為巴菲特知道這是為套利而購買股票，所以不適用波克夏投資股票的原則，包括財務和營運表現的一些條件。

但是，為什麼從套利出發後來又變成為對該股的長期持有者呢？巴菲特說：

後來，我開始學習瞭解公司的經營情形，以及威廉·安德森擔任通用動力公司總經理以後的短期表現。我看見的事情令我眼睛為之一亮。他有一個條理井然的理性策略：他積極實現其想法，而那成果真是豐碩。

正基於此，巴菲特不但拋棄了原先套利的「短炒」的想法，反而決定變成長期持股，應該說這是一記勝招。

事實證明，巴菲特這項決策是對安德森是否能夠抗拒盲從同業不理性行為的一大考驗。就在那時，一些人已批評指責安德森解體了一個公司。但是，安德森則辯解說，他只是將公司的未實現價值轉換為現金而已。

在巴菲特的支持下，安德森的工作確實取得了成效。

當安德森一九九一年就任總經理時，通用動力公司的市價是帳面價值的百分之六十，而且那時，相對於其他十家國防工業公司的百分之十七點一的年平均報酬率，通用動力為它的股東創造了百分之九點一的年複利報酬率。

面對困境，巴菲特認為，很少有這樣的一家公司，以低於帳面的市價交易，並產生出現金流量，而且積極展開股權強制過戶的方案。

此外，最重要的是，這家企業的經營者能不遺餘力想方設法地為股東謀利益，這是巴菲特最為看重的管理者的素質。這使我們又一次看到了優秀管理人才，在巴菲特投資理念中的重要的地位。

安德森沒有停止他的改革步伐，儘管他曾想保留飛機、太空系統作為其核心部門，但後來還是決定繼續將其出售，如航空器賣給了洛克希德。通用動力公司與洛克希德和波音公司本是新一代戰鬥機 F-22 的合夥人，三家各

自擁有三分之一股權。後來通用動力透過轉讓，洛克希德取得了 F-16 業務，波音又取得對 F-22 的三分之二股權；接著通用動力的太空系統又出售給了太空發射系統的創始人馬丁·瑪麗塔。這兩項銷售給通用動力公司提供了十七點二億美元的資金。

現金流量的充沛，公司再度分配股利給股東，僅一九九三年，四月份發給股東每股二十美元的特別股利；七月份又發給股東每股十八美元的特別股利；至十月又發給股東每股十二美元的特別股利。

一年間，三次發給股東每股紅利即達五十美元，而且每季支付的股利也從每股零點四美元，提高至零點六美元。

在這種情況下，巴菲特的收益自然也是非常可觀的。巴菲特和他的波克夏公司在一九九二年七月至一九九三年底的一年半時間中，只要投資每股七十二美元於通用動力股票上，即獲得了每股二點六美元的普通股股利和五十美元的平均特別股利。

同時，由於安德森開始清算通用動力公司的貨幣價值，並給予它的股東以現金股利，這對通用動力的股票投資收益，不但強過它的同行，並遠勝過同期斯坦普工業指數的表現。因此，至一九九三年底，通用動力公司股價上揚到每股一百零三美元。

對於外界關心的巴菲特將會持有通用動力公司股票的時間，巴菲特說：「我將會在股東權益報酬率令人滿意且公司前景看好，市場不高估通用動力公司的股票價值以及經營者為誠實有才幹者的情況下，才會繼續持有。」

話雖簡單，但這正體現了一代股神巴菲特最擅長的投資基本原則。

在巴菲特的事業如日中天時，巴菲特投資以套利為目的的股票不能不令人驚訝。巴菲特居然也想玩一把「投機」，可見其投資股票時在具體操作上並非墨守成規、一成不變。

通用動力公司的成功，也說明股票投資領域方法多樣性的重要，雖然這次巴菲特是以「投機入市」，但後來透過研究該股和管理層，從中又發現了

新的投資價值，並決定持股和授權安德森以波克夏公司持股的表決權。可見巴菲特投資思想之活躍，投資藝術之高超了。

二〇〇三年，伊拉克戰爭已經結束，市場人士普遍看淡石油股，但是巴菲特卻一擲十億港元，先後四次增持在香港上市的「中國石油」股份。

按照規定，從當年四月一日起，持有某一香港上市公司百分之五的股權，就必須向監管機構申報權益。此時，人們驚訝地發現，很少投資中國企業股份的巴菲特原來持有大量「中國石油」股份，持股量累計達到十一點八億股，約占百分之六點七的股權。

事後人們才得知，僅在四月十七日至二十四日短短的幾個港股交易日，巴菲特即透過各種途徑，斥資十億港元，四度買入「中國石油」股份。

截至四月二十四日，巴菲特的持股量已經急升至百分之十三點三五，成為「中國石油」的第三大股東。

至五月，巴菲特在其股東大會後的新聞發布會上宣布，近期已成功追加了對中國石油總公司的投資，並將進一步加大在亞洲的投資力度。

巴菲特宣稱：「我們正在亞洲尋找合適的公司，如果那裡的政策允許，我們將收購他們的股票或是購買整個公司。」

儘管巴菲特認為，在亞洲投資不論政策或市場風險都很大，但他仍向股東明確表示，「在那裡允許犯錯誤的機率很低，但我們仍十分樂意去嘗試。」

巴菲特對中石油的投資，再次使他獲得了巨額回報。

二〇〇三年十二月，中石油連著三天創下歷史新高：十二月一日中石油股價突破三港元；十二月二日最高交易價格曾達到三點一五〇港元，最後以三點零七五港元收盤；十二月三日中石油的股價也是一路上揚，最後以三點二二五港元收盤。

至二〇〇三年年底，一位關注中石油股價的投資人士說：「股神巴菲特又該樂開花了。」因為這期間，中石油一路走高，大股東巴菲特的這筆中國財富比購進時猛增三十八點六億港元。

巴菲特的投資收益自然也引來了各界媒體的關注，中國的一家媒體就以「中石油三天飄紅香港島，股神巴菲特猛賺三十八點六億」為標題，記錄了二〇〇三年巴菲特投資中石油的獲利情況。

在投資中石油猛賺二十三億餘港元後，巴菲特又瞄上了最近上市的「中國人壽」。

二〇〇三年十二月三十日，市場有消息稱，巴菲特透過摩根史坦利，大量吸納中國人壽的股票。受此影響，中國人壽的股價也在當天一度攀升至七點零五港元，最終報收於六點四港元。

與每股發行價三點五九港元相比，短短兩週時間，漲幅已近百分之八十。此前，亞洲首富李嘉誠透過旗下的信託公司大量買進中國人壽的股票而賺了個盆滿鉢滿。

和在中石油的投資相似，這次，巴菲特又想重演「傳奇」。不可否認的是，和中石油一樣，中國人壽自身良好的業績也是支撐股價上漲的重要原因。

當然，所謂美國「股神」是人而不是神，他偶爾也有後悔的時候。二〇〇七年七月份，巴菲特首次賣出持有了四年多的中石油股票，因為他一向是股票市場的風向標，所以巴菲特的此舉引起媒體的廣泛猜測。

僅隔一個月，股神巴菲特再度減持中石油，眾多分析師表示猜不透。

香港聯交所還披露，巴菲特再度減持中石油。減持發生在八月二十九日，減持量九千兩百六十五點八萬股，遠遠超過第一次的一千六百九十萬股。第二次減持時的均價只有十一點四七三港元，比上一次的十二點四四一港元要低。

值得關注的是，香港聯交所披露的訊息顯示，此次巴菲特所持中石油股票從二十一點四三億股減少為二十點五一億股。但第一次減持其所持股票是從二十三點三零億股降至二十三點十三億股。

這也意味著，在這兩次減持之間，巴菲特還曾悄然減持近兩億股。由於沒有達到一定的比例，這些減持聯交所沒有披露。

　　這讓業界分析師非常驚訝。巴菲特第一次減持時，眾多國內分析師不認為其會持續減持。因此，巴菲特減少對中石油的股票持有，引起了一些人的擔憂。

　　然而，人們的擔憂是多餘的，這一次巴菲特的「風向標」作用似乎有些不靈了。

　　巴菲特在首度大規模減持中石油的均價為十二點二三港元，但在此之後，受到國際油價屢創新高、公司油氣儲備新發現以及回歸A股等因素推動，中石油的股價一路飆升，截至八月份收市已達十八點九二港元。

　　因此有人計算，如果巴菲特所持的股份並未售出，其市值約為四百四十三億港元，比出售套現獲得的三百一十五億港元高出約一百二十八億港元。

　　因此，到了當年的十月，看到中石油股票的一再堅挺，巴菲特首度證實，已全數清倉其所持有的中國石油股份，但鑑於中石油股價近期不斷狂升，令他後悔出售的時間可能早了點。

　　巴菲特坦率地說：「如果中石油股價大幅回落，我會再買。」

　　雖然留下了一些遺憾，但巴菲特投資中石油無疑又賺到了一筆不小的利潤。他買入中石油二十三點三九億股，斥資大約三十八億港元。

　　二〇〇七年巴菲特出售中石油時，股價介於一百六十到兩百美元，因此，巴菲特總共獲利三十五點五億美元，約合兩百七十七億港元，顯然這筆收入相當可觀。

　　一九九四年年底，巴菲特公司已發展成擁有兩百三十億美元的波克夏工業王國，它早已不再是一家紡織廠，它已變成巴菲特的龐大的投資金融集團。

　　當然，巴菲特的財富積累還在快速前進。從一九九四年開始，波克夏公司利用全美股票市場報酬率走低的時候，開始了又一輪大規模的收購行動。

　　當時巴菲特的觀點是，只有當優良的公司被不尋常的訊息包圍，導致股價被錯誤地評價的時候，才是真正大好的投資機會。經過這一輪的大規模收

購，巴菲特公司的市值似乎在短暫時間內升值有限，但為它以後的崛起奠定了基礎。

隨著財富的日益積累，對巴菲特的各種評價也多了起來。人們普遍認為，巴菲特給人的印象，總是那麼笑容可掬、和藹可親，顯得那麼慈祥、誠懇。

有人比喻，如果說索羅斯的投資故事驚心動魄翻江倒海，充滿血雨腥風、生死相搏的話。那麼，讀巴菲特投資的故事，就好像是品茗飲茶，於逸趣閒情時欣賞清新雋永的小品文，雲淡風輕、傍花隨柳，一切都是那麼自然真切，甚至波瀾不驚、風和日麗。

即使在金融界風雲驟變的一九九八年初，這位奧馬哈長者除了貴金屬市場令他有興趣外，對全球金融界人士的恐慌竟有渾然不知之感。危機之時，巴菲特忙著在全球貴金屬市場指令大量收購白銀現貨，由於他的介入，人們順著他點石成金的手尋覓發財機遇，於是全球白銀價格居然在肅殺的涼意中扶搖直上，創下了十年來罕見的新高。

當然，對於全世界的「巴菲特迷」們來說，每年的波克夏公司股東大會無疑是最令人神往的。這也可以說是巴菲特家族的一個盛會，這一天巴菲特會率領全家出動赴會。

在股東大會上，作為董事長的巴菲特在致股東們的報告中，要報告過去一年的經營情況，報告公司正在做什麼，報告公司在新的一年中還將怎麼做以及要這樣做的理由與分析。

巴菲特的這個董事長致全體股東的信，是要給全體股東來看，即便你只有一股，也會鄭重其事地寄給你。

莫小看了僅僅持有一股波克夏公司的股票，由於這家公司三十餘年來沒有分過一次紅，也沒有擴過一次股，它的總股數僅兩百二十六萬股，每股淨資產在一九九八年初已經是一萬一千美元。

波克夏公司的股票從一九六二年的每股十二美元，到後來的幾萬美元，這個價位雖說很高，但是也是一票難求，有行無市。

在美國持有波克夏公司股票已成了榮譽與身分的象徵，雖說它是小盤股，但由於總市值已高達一千億美元以上，實際是一家大公司一點不假。

因此，每年一次的波克夏‧海瑟威公司的股東大會，堪稱「全球第一」股東大會。每一次的股東大會召開之日，都是奧馬哈市的盛大節日。

為了營造更好的氣氛，當地有名的幾個旅館，如紅獅、雷迪遜等均告滿員，股東們在這裡喜氣洋洋地比較著各自回報的多少，當然贏者總屬於投資最多、持股最長，而且敢於重複加碼的股東們。

一九九〇年代，巴菲特已是華爾街響噹噹的人物，世界級股壇為數極少的大腕之一。不管巴菲特平生是否擁有當個世界級富豪的鴻鵠之志，但命運之神卻把他推進世界級富豪之列。

當時，世界權威的金融和財富刊物公布的世界富豪名單，一再把華倫‧巴菲特的富翁交椅往前挪動，至一九九八年，他已是全球富翁中的第二號人物，僅屈居於微軟公司董事長比爾蓋茲之下。

一九九八年，應華盛頓大學商學院的邀請，巴菲特與蓋茲為該校學生作了一次講演。

人們對此的評價是：「太陽系中最富有的兩個人進行的極為簡單的公開的對話。」因為這篇講話中包括了巴菲特對人生、對新技術、對投資理念的最新認識與看法，而且由於有蓋茲的聯袂講演，能使我們更加深對此的理解。

可以這樣說，華倫‧巴菲特是天才的投資家。他奉行的是最樸素的投資理念，他對近些年由學術界發明出來的理論持不屑一顧的態度，那些時髦的理論，那些使用財務槓桿、期貨、動態套頭保值、現代資產組合分析等在巴菲特這裡沒有市場。

巴菲特不染指他不熟悉的東西，他也不理會現在教授們在課堂上講的那些東西，他只遵循自己理解的、熟悉的並堅信不疑的投資理論與方法，從頭至尾堅持執行。

當然，並非巴菲特老頑固，不思進取，如果按辯證的說法，實踐是檢驗真理的唯一標準的這個原則，巴菲特無疑是對的，歷史的、實踐的結果都證明他是對的、成功的和正確的，至少在金融投資界，迄今無人能超越他。

在巴菲特的投資生涯中，避免使自己置身於股票市場的情緒衝動之外，這也是他一生步步走向輝煌的原因。

由此可見，巴菲特其人不僅是投資界公認的投資藝術家，在管理界也是名列前茅的管理藝術家，在美國經濟史上，榮獲這兩項殊榮的只有他一人。

二〇〇八年三月，《富比士》雜誌發布了最新的全球富豪榜，巴菲特由於所持波克夏·海瑟威公司股價大漲，身價猛增一百億到六百二十億美元，超過微軟董事會主席蓋茲的五百八十億美元成為全球首富。

就這樣，這位從小就懷有賺大錢夢想的巴菲特，再一次實現了他問鼎世界首富的夢想。

▌熱心慈善事業

從五歲就開始賣可口可樂，並以賺錢為人生目標的巴菲特只是把賺錢作為樂趣，但他並不是一個守財奴，因為他非常樂於慈善事業。

特別是進入二十一世紀後，巴菲特對慈善事業的捐款力度明顯變大了。

對此，巴菲特解釋說：

我一直認為，如果一個人有能力用比較快的速度聚集財富的話，那麼他在二十年後捐贈慈善事業比較好，因為到那時他可以為社會捐贈更多的錢；如果一個人聚集財富的速度比較慢，那麼他最好現在就進行捐贈。

所以，按照巴菲特的這種理論，在過去很多年裡，他很少進行慈善捐贈，因為他顯然比大多數人更懂得賺錢的辦法。但是，妻子蘇珊的去世，讓巴菲特改變了想法。

原來，蘇珊一直希望巴菲特把手裡的財富回饋社會，巴菲特原計劃他死後由蘇珊負責這筆慈善基金。

巴菲特曾經說過：「蘇珊比我小兩歲，一般來說，女性通常比男性長壽。她和我一直都認為，她會繼承我公司的股份，並看到我們的財富對社會作出的貢獻。我們都覺得，財富應該回到社會上。」

當然，子女對財產的繼承觀念也會影響一個富翁對慈善事業的支撐力度。在這方面，巴菲特也有自己的看法，他很早就提出自己子女將繼承他財產的一部分，比例並不會太高。

很明顯，這與巴菲特過去一再表示，不願意讓大量財富代代相傳的想法，是相當一致的。巴菲特曾表示：「我想給子女的，是足以讓他們能夠一展抱負，而不是多到讓他們最後一事無成。」

因此，自二〇〇〇年開始，巴菲特就透過線上拍賣的方式，為基金會募款。而大規模地捐獻自己的財富，巴菲特無疑希望由妻子蘇珊來完成。

然而，不幸的是二〇〇四年蘇珊過早地去世了。巴菲特終於決定在自己的有生之年就捐出大部分的財產。

二〇〇六年，巴菲特的一項捐款活動，一舉震驚了世界。

二〇〇六年六月十六日，就在巴菲特宣布捐贈的十天前，比爾蓋茲就宣布，在今後兩年的時間內逐步淡出微軟的管理工作，將更多精力和時間投入到蓋茲慈善基金會的工作上，致力於全球健康以及教育工作。

為此，蓋茲夫婦已為他們的基金會捐贈近三百億美元，用於貧困國家的衛生和教育事業。蓋茲進入慈善事業無疑為巴菲特的巨額慈善投資找到了好的方向。

十天之後的六月二十六日，七十五歲的美國投資家巴菲特在紐約公共圖書館簽署捐款意向書，正式決定向五個慈善基金會捐出其所持有的財富：波克夏·海瑟威公司股票的百分之八十五，按照當時市值計算，這筆捐贈約合三百七十五億美元。

從那時開始，巴菲特在波克夏·海瑟威公司的股份將逐漸轉移到比爾蓋茲夫婦所建立的蓋茲基金會等五個慈善基金會。這筆捐款創造了世界紀錄，也震動了美國和全世界。

面對各界的熱議，巴菲特這樣評價自己的義舉：「我不是財富王國的熱衷者，特別是當世界上六十億人還比我們窮得多的時候。」

曾有一位義大利的記者給了巴菲特另一個提議：「為什麼不把這筆財富捐給美國政府？」

巴菲特說：「你可以選擇把財產留給政府，或者透過慈善機構幫助他人。我認為，蓋茲基金會從這筆財富中產生出來的益處要大於我把它交給美國財政部。」

三百七十五億美元，這筆巨額財富巴菲特沒有留給子孫後代，而是把它投向了一項更為高尚的事業，就是戰勝第三世界國家的貧窮和疾病。

除此之外，巴菲特也對以其妻子命名的蘇珊·湯姆森·巴菲特基金會捐贈了市值幾十億美元的股票。該基金會主要致力於生殖健康、計劃生育、支持墮胎權利以及防治核擴散，這也是巴菲特本人非常關注的話題。

巴菲特還經常四處奔走，在許多大學、公司、團體舉行他的儀式，講述自己的故事，人們對他，對他的生活不知道的事情仍然很多，但他已然成為美國生活中一個獨特的偶像人物。他不僅是位偉大的資本家，而且是位偉大的解釋美國資本主義的人。

他教導了一代人該如何考慮業務，證明股票與壟斷不同，投資也不是只憑運氣的遊戲。他用敏銳的市場眼光和堅守諾言這兩項法寶，證明它也是一種合理的可感覺到的事業。他揭開了華爾街神祕的面紗，說它與美國沒什麼兩樣——也許是個不可捉摸的地方，但也是普通人可以理解的地方。

人們對這位股市天才充滿了好奇心。經過奧馬哈，經過他那座簡樸的房子時總要緩步慢行，引頸側望。

　　巴菲特也是人，也會犯錯誤，但他在很多人心中的確已成為股市神話，在那個屬於他的股票時空中。

　　也許有人會不解，巴菲特年輕時瘋狂地賺錢，然後年老時又一下子全部捐獻出去，這真有點令人不可思議。但瞭解巴菲特的人都知道，這符合巴菲特一貫的行事作風：「理智、有創見、打破巨富捐贈財富的常規模式。」

　　也許從這一捐款活動中，人們能夠更深刻地認識巴菲特這個一代「股神」的性格。

　　幾十年來巴菲特有一套投資理論，這套理論使他在股市中常勝，也使他遠離高科技股。

　　第一，他只從事長期投資，投資的絕不是概念、模式，也不僅僅是股票本身，而是真正的生意，投資能創造可預見性收益的公司。

　　第二，他討厭股票期權多的股票，像高科技股，稱這種股票是樂透。

　　第三，他認為買身邊的品牌最可靠。誰做的廣告多，消費者喜歡，就買誰。巴菲特的眼光一如既往。巴菲特投資成功的方略是多方面的，其中當數「集中投資」的方法最有效。很多投資者認為：不把雞蛋放在一個籃子裡才算保險，因此，他們沒有集中資金，反而將有限的資金四處出擊。結果手中的資金被七零八落的股票所肢解，導致手中股票不是這支股漲，就是那支股跌，一年忙到頭，好的可以賺點錢，中的打平手，不好的情況下則是負增長……有的人年復一年，也不善於總結，總認為運氣不好，其實這是犯了一個投資者的大忌。縱觀中外股市操作成功的人都有一個共同特點：就是比較善於精心選股、集中投資，很少有分散投資能帶來輝煌收益的人。這一點對於中小投資者來說極為重要。巴菲特將「集中投資」的精髓簡要地概括為：「選擇少數幾種可以在長期拉鋸戰中產生高於平均收益的股票，將你的大部分資本集中在這些股票上，不管股市短期跌升，堅持持股，穩中取勝。」為此，巴菲特的大部分精力都用於分析企業的經濟狀況以及評估它的管理狀況，而不是用於跟蹤股價。

　　人們不得不佩服巴菲特的長遠眼光，也不得不承認長期而言價值投資策略能夠戰勝市場。因為大牛市不可能一直持續，過高的股價最終必然回歸於價值。

　　要知道如何正確應對大牛市，請牢記巴菲特與眾不同的投資信條：「在別人貪婪時恐懼，在別人恐懼時貪婪。」「儘管組織形式是公司制，但我們將股東視為合夥人。我和查理·孟格（波克夏·海瑟威公司副董事長）將我們的股東看作所有者和合夥人，而我們自己是經營合夥人。我們認為，公司本身並非資產的最終所有者，它僅僅是一個管道，將股東和公司資產聯繫起來，而股東才是公司資產的真正所有者。順應以所有者為導向的原則，我們自食其力。」

　　研究巴菲特的書汗牛充棟，通常都是從股票投資的角度入手。不過也有例外，比如投資經理人詹姆斯·奧洛克林的《華倫·巴菲特傳》，就從獨特的視角展示了一個資本管理者、民眾領導者的巴菲特。尤其是在揭示巴菲特模式的過程中，對強制性力量和能力範圍的研究，發人深省。

附錄

我從來不曾有過自我懷疑。我從來不曾灰心過。

——巴菲特

▌經典故事

果斷進行決策

巴菲特是以投資股票和證券來賺取高額利潤的,而投資股票和證券的成功與否,就在於能否在關鍵時機果斷決策,低價買進高價賣出。

因此,面對巴菲特的成功,經常會有人問他:「巴菲特,你是如何決策,才取得如此大的成功的呢?」

巴菲特說:「我通常五分鐘內就作出決策,如果決策合適,我很快就行動。」

巴菲特還補充說:「對於大多數人來說,如果他們不能在五分鐘內作決定,他們在五個月內也決定不了。因為只要是好東西,別人很快就會知道,機會就會稍縱即逝。」

重視讀報紙

一次,一個來自費城的七年級學生問巴菲特:「巴菲特先生,由於在學校裡還有許多事情沒有教,你認為我應該讀些什麼東西呢?」

巴菲特看了看年輕上進的小男孩,誠懇地告訴他:「你應該從讀報紙開始,然後才能夠慢慢接觸這個世界。」

巴菲特還鼓勵道:「你將會發現自己真正感興趣的東西。你學到的越多,你想學的也就越多。」

遇事就要動腦

一天,巴菲特跟朋友們一起打高爾夫。其間一位朋友提議道:「如果有人能夠一桿進洞的話,我就付給那個人一萬美金,但是,如果參加這個遊戲的人沒有打出一桿進洞,打球的人就要輸給他十美金。」

在場的人一聽,興趣都來了:十美金換一萬美金,這樣的好事傻瓜才不去試一下。

可是巴菲特並沒有頭腦發熱，他認為一桿進洞的機率實在太小，如果參加這個遊戲，輸掉十美金的可能性遠遠大於贏到一萬美金，這種穩賠不賺的吃虧「買賣」他是不會做的。

面對大家的不理解，巴菲特解釋說：「這就如同街頭流行的賭博，對那些去賭的人來說，每個人都希望去贏到大錢而參與遊戲，而從機率上來說，大部分人都會白白地賠上自己的錢而一無所獲。」

這是一個投資界都非常熟悉的故事，也是詮釋巴菲特的投資理念的經典故事，在這個故事裡，巴菲特清楚地告訴了人們，怎麼看待短期利益的誘惑，怎麼拒絕從眾心理，怎麼堅持自己的理性，用理智來克服貪婪，用自己有把握的能力來獲取自己的那份收益。

▌年譜

一九三〇年八月三十日，華倫·巴菲特出生於美國內布拉斯加州的奧馬哈市。

一九三五年，五歲的巴菲特就開始推銷可口可樂。

一九四一年，剛剛跨入十一週歲的巴菲特便躍身股海，購買了平生第一張股票。

一九四七年，進入賓夕法尼亞大學學習。

一九五〇年，申請哈佛大學被拒之後，進入哥倫比亞大學商學院，拜師於著名投資學理論學家班傑明·葛拉漢，並於一九五一年獲得了哥倫比亞大學經濟碩士學位。

一九五二年，和蘇珊·湯普森結婚。

一九五六年，開始創立自己的合夥企業。

一九六二年，合夥人公司的資本達到了七百二十萬美元，其中有一百萬美元是屬於巴菲特個人的，巴菲特被稱為百萬富翁。

一九六四年，個人財富達到四百萬美元，而此時他掌管的資金已高達兩千兩百萬美元。

一九六八年，掌管的資金上升至一點零四億美元，其中屬於巴菲特的有兩千五百萬美元。

一九六九年，當股市一路凱歌的時候，巴菲特卻通知合夥人，他要隱退了。隨後，他逐漸清算了巴菲特合夥人公司的幾乎所有的股票。

一九七〇年，以後的幾年間，美國股市蕭條，然而巴菲特開始研究各種低價的股票。

一九七二年，盯上了報刊業。

一九七三年開始，他偷偷地在股市上蠶食《波士頓環球》和《華盛頓郵報》，他的介入使《華盛頓郵報》利潤大增，每年平均增長百分之三十五。

一九八〇年，買進可口可樂百分之七的股份。

一九九〇年，買進大量銀行業股票。

一九九二年，以七十四美元一股購下四百三十五萬股美國高技術國防工業公司——通用動力公司的股票。

一九九四年底，波克夏從一家紡織廠變成巴菲特的龐大的投資金融集團。

一九九八年，波克夏公司完成了對美國最大的財務再保險公司——通用再保險公司兩百二十億美元的併購案。

二〇〇三年，波克夏·海瑟威公司成功收購通用電氣旗下再保險公司。

二〇〇三年四月，以平均一點六六港元每股買入超過兩億股的中石油，占中石油總股本的百分之一點三。

二〇〇六年六月二十六日，把三百七十五億美元的股份捐給慈善基金會。

二〇〇八年，第二次成為世界首富。

▌名言

● 思想枯竭，則巧言生焉！

● 要學會以四十美分錢買一美元的東西。

● 生活的關鍵是，要弄清誰為誰工作。

● 如果發生了壞事情，請忽略這件事。

● 任何不能永遠前進的事物都將停滯。

● 風險來自你不知道自己正做些什麼。

● 永遠不要問理髮師你是否需要理髮！

● 只有在退潮的時候，你才知道誰在裸泳！

● 用我的想法和你們的錢，我們會做得很好。

● 任何一位捲入複雜工作的人都需要同事。

● 頭腦中的東西在未整理分類之前全叫「垃圾」！

● 我從來不曾有過自我懷疑，我從來不曾灰心過。

● 要去他們要去的地方而不是他們現在所在的地方。

● 習慣的鏈條在重到斷裂之前，總是輕到難以察覺！

● 成功的投資在本質上是內在的獨立自主的結果。

● 人性中總是有喜歡把簡單的事情複雜化的不良成分。

● 歸根結底，我一直相信我自己的眼睛遠勝於其他一切。

● 我始終知道我會富有。對此我不曾有過一絲一毫的懷疑。

● 哲學家們告訴我們，做我們所喜歡的，然後成功就會隨之而來。

● 當適當的氣質與適當的智力結構相結合時，你就會得到理性的行為。

●我所想要的並非是金錢。我覺得賺錢並看著它慢慢增多是一件有意思的事。

●如果你能從根本上把問題所在弄清楚並思考它，你永遠也不會把事情搞得一團糟！

●在生活中，我不是最受歡迎的，但也不是最令人討厭的人。我哪一種人都不屬於。

●吸引我從事工作的原因之一是，它可以讓你過你自己想過的生活，你沒有必要為成功而打扮。

●投資對於我來說，既是一種運動，也是一種娛樂。我喜歡透過尋找好的獵物來捕獲稀有的快速移動的大象。

●要贏得好的聲譽需要二十年，而要毀掉它五分鐘就夠。如果明白了這一點，你做起事來就會不同了。

●在生活中，如果你正確選擇了你的英雄，你就是幸運的。我建議你們所有人，盡你所能地挑選出幾個英雄。

●在曳引機問世的時候做一匹馬，或在汽車問世的時候做一名鐵匠，都不是一件有趣的事。

●你真能向一條魚解釋在陸地上行走的感覺嗎？對魚來說，陸上的一天勝過幾千年的空談。

●金錢多少對於你我沒有什麼大的區別。我們不會改變什麼，只不過是我們的妻子會生活得好一些。

●你不得不自己動腦。我總是吃驚於那麼多高智商的人也會沒有頭腦的模仿。在別人的交談中，沒有得到任何好的想法。

●哈佛的一些大學生問我，我該去為誰工作？我回答，去為那個你最仰慕的人工作。兩週後，我接到一個來自該校教務長的電話。他說，你對孩子們說了些什麼？他們都成了自我僱傭者。

●如果你是池塘裡的一隻鴨子，由於暴雨的緣故水面上升，你開始在水的世界之中上浮。但此時你卻以為上浮的是你自己，而不是池塘。

●我是個現實主義者，我喜歡目前自己所從事的一切，並對此始終深信不疑。作為一個徹底的實用現實主義者，我只對現實感興趣，從不抱任何幻想，尤其是對自己。

國家圖書館出版品預行編目（CIP）資料

巴菲特 / 信自力 編著 . -- 第一版 .
-- 臺北市：崧燁文化，2019.11
  面； 公分
POD 版

ISBN 978-986-516-087-6(平裝)

1. 巴菲特 (Buffett, Warren) 2. 投資 3. 傳記

563.5   108018209

書　　名：巴菲特

作　　者：信自力 編著

發 行 人：黃振庭

出 版 者：崧燁文化事業有限公司

發 行 者：崧燁文化事業有限公司

E - m a i l：sonbookservice@gmail.com

粉 絲 頁：　　　　　　網址：

地　　址：台北市中正區重慶南路一段六十一號八樓 815 室

8F.-815, No.61, Sec. 1, Chongqing S. Rd., Zhongzheng

Dist., Taipei City 100, Taiwan (R.O.C.)

電　　話：(02)2370-3310 傳　真：(02) 2388-1990

總 經 銷：紅螞蟻圖書有限公司

地　　址：台北市內湖區舊宗路二段 121 巷 19 號

電　　話:02-2795-3656 傳真 :02-2795-4100　　網址：

印　　刷：京峯彩色印刷有限公司（京峰數位）

定　　價：280 元

發行日期：2019 年 11 月第一版

◎ 本書以 POD 印製發行